U0942262

連於基督走窄路

歌羅西書析讀

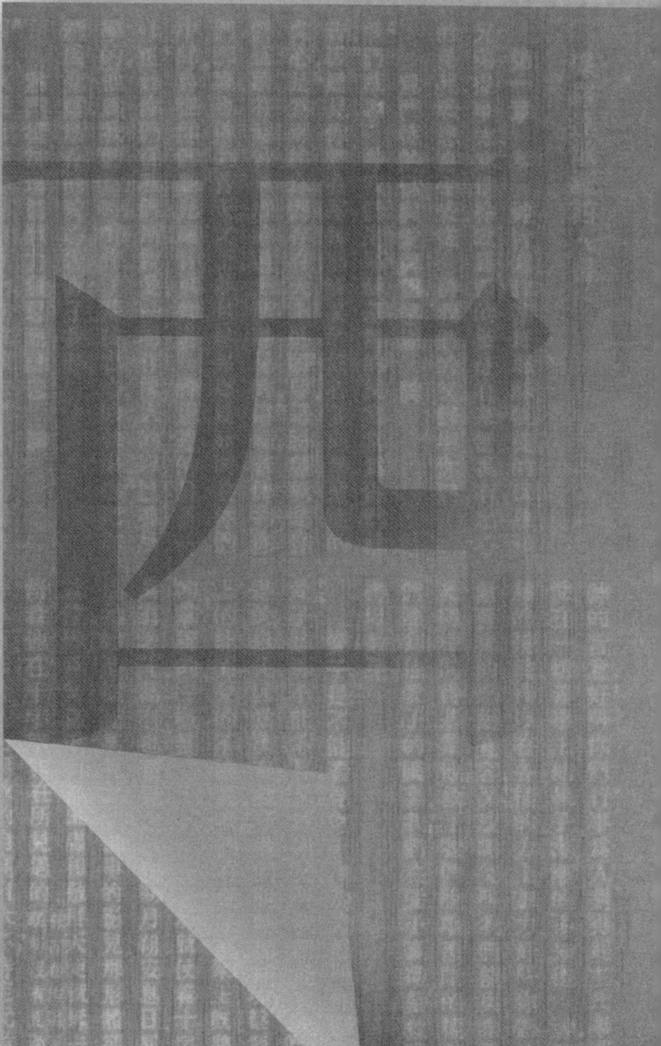

曾思瀚／著
蘇慧中等／譯

▼

聖經通識叢書

連於基督走窄路

歌羅西書析讀

Rediscovering the Bible

Book of Colossians

作者

曾思瀚 Sam Tsang

譯者

蘇慧中 等

審閱

馬榮德、許寶瑩

執行編輯

許寶瑩

裝幀設計

奇文雲海・設計顧問

■

出版／發行

基道出版社

香港沙田火炭坳背灣街 26 號富騰工業中心 1011 室

LOGOS PUBLISHERS

Unit 1011, Fo Tan Ind. Centre, 26 Au Pui Wan St., Shatin, Hong Kong

電話：(852) 2687-0331 傳真：(852) 2687-0281

網址：http://www.logos.com.hk

承印

陽光印刷製本廠

●

10/2017 初版

Cat. No. LP199

ISBN: 978-962-457-545-3

Printed in Hong Kong

刷次	10	9	8	7	6	5	4	3	2	1
年份	2026	2025	2024	2023	2022	2021	2020	2019	2018	2017

聖經書卷析讀——新約系列

出版研經工具書的主要目的，是要將上帝的話語向現代人闡明，讓一羣愛好研讀聖經的信徒得到適切的指引。近代聖經研究無疑對於這項工作提供莫大的幫助，可惜學者採用的語言往往晦澀難明，令平信徒望而卻步。「聖經通識叢書」的出版試圖作為兩者的橋梁，將那些看來深奧的學術理論，化成顯淺的文字，讓平信徒可享受當今學者努力研鑽的成果。本叢書設「聖經鳥瞰」、「聖經書卷要領」和「聖經書卷析讀」三個層次，提供信徒不同程度的需要。

「聖經書卷析讀」是「聖經通識叢書」第三層次，以「聖經書卷要領」為基礎，進深分析每本聖經書卷的內容和信息。它近乎一本釋經書，對有關書卷進行逐段解釋，針對每一書卷類別，按其文學格式、歷史背景，以及神學主題作出提綱挈領的分析，又從每書卷中挑選一些課題作較深入的討論。編者期望藉著這一系列聖經書卷的介紹，讓信徒能跨過學術的門檻，得以認識近代華人學者對聖經不同類別書卷整體的研究，成為讀者掌握這些書卷的入門。現已出版的新約書卷有：《與人同在的彌賽亞君王——馬太福音析讀（卷上）》、《與人同在的彌賽亞君王——馬太福音析讀（卷下）》、《奔走風塵的僕人——馬可福音析讀》、《逆轉人生的上帝之子——路加福音析讀》、《道成為人的耶穌——約翰福音析讀》、《風起雲湧的初代教會——使徒行傳析讀》、《情理之間持信道——加拉太書、帖撒羅尼迦前後書析讀》、《同歸於一得基業——以弗所書析讀》、《僕人領袖的教導與領導——提多書、提摩太前書析讀》、《擁抱危機的事奉傳承——提摩太後書析讀》。

此層次的書既反映個別學者嚴謹的學術研究，又務求達致活潑和生動的表達，其內容除了包含淺白易明的析讀，也在每章結尾附加「釋經短註」(以 ❶、❷ 等標示)，以幫助讀者更深入了解經文。此外，本書也加插「信仰反省」部分，以引導讀者將經文內容繫於他的信仰生活中。本叢書也提供溫習及思考問題，一方面讓讀者重溫此書的內容，也幫助讀者思考經文如何應用在他的信仰生活中。這些問題可供個人研讀或小組討論，讓上帝再次藉著聖經向每一個人説話。

最後仍須提及有關閱讀此書的一些事情。除特別標明，本書所採用的聖經經文均引自《和合本修訂版》，並且凡經文引自這書所討論之書卷，無論是一段文字或其中的短語，又或詞彙，皆以「標楷體」標示。凡以斜體英文字表達的詞、短語或句子都是外語(即希伯來文、希臘文、拉丁文)音譯字。此外，本書是以「他」作為「耶穌」的代名詞。

序言

本書原版初見於二〇〇九年，由明道社印行。筆者樂見近年歌羅西書的最新研究，與本書原版提出要在方法論上多關注處境（methodological context），竟不謀而合，故有感需要對原版作點補增。此外，過去數年，兩位我十分敬重的學者馮蔭坤博士及鮑維均博士先後寫下了極出色並專門的歌羅西書釋經作品，毫無疑問，他倆的著作足能服事我們整代人。不過，筆者亦考慮到或許有讀者希望找一本更易入手的研經書，這亦成了本書的緣起。

本書原版聚焦於歌羅西書的後殖民帝國處境（postcolonial imperial context）。事實上，殖民主義和帝國主義可説滲透到小亞細亞生活的肌理之中。就正如我們今天仍然看到香港的廣告充斥著大量西方白人的臉孔，像向我們訴説著西方臉孔是更加漂亮的。在一處華人佔大多數的地方推銷商品，為甚麼仍要靠白人的臉孔？在英殖統治下，「白人優越」的觀念早已深植港人心底——無論事實是否如此，殖民政權建立的價值總揮之不去。類似的事，亦見諸於羅馬帝國主義籠罩下的小亞細亞。羅馬人在每處地方所建立的，在在都向當地人炫耀著羅馬的偉大及優越。如是，嘗試從羅馬這巨大影響力的角度下解讀歌羅西書，又將如何？這樣的提問，今天不應再是假設性的問題，而應是解讀歌羅西書所要注意的事實了。

同時間，本書引進了社會及修辭（social and rhetorical）的解讀面向。其社會面向引進了羅馬帝國的處境，其修辭面向則引進了口述傳遞的解讀。兩種向度結合，其貢獻可從本書註腳所反映的互動——即筆者跟近年的學術研究成果所進行的互動——可見一斑。社會及修辭的解讀進路，今業已成為學者研究歌羅西書最前沿的方法。本書旨在幫助一般讀者一窺此研究範式的堂奧，儘管他們未必熟稔當中關涉到的專門術語。

最後，本書得以付梓，有賴基道出版社接手增修版的出版工作，讓筆者有機會更新並修正原版的疏漏。此外，筆者亦要感謝本書編輯許寶瑩姊妹，她實有亂中尋序的能耐，她的勞苦及建言，大大增添了本增訂版的可讀性。當然，我也要感謝筆者在各處地方的同儕、學生，他們對我的釋經繆思是如此接納。最後，我要感謝我的家人，他們對我四處講學並進取的寫作時間表，總是百般體諒。一切榮耀歸於上帝。

目錄

專欄目錄

第一章

歌羅西書導論

- 作為口述傳遞的信函
- 主要內容
- 作者
- 寫作地點
- 教會背景
- 神學主題
- 結構
- 參考書目

除了腓利門書之外，歌羅西書是保羅書信中較短的一卷。與其他監獄書信一樣，歌羅西書是頗具特色的。一向以來，都有學者認為此書卷並非保羅所寫，也許因這緣故，有關歌羅西書的著作不及有關其他確定為保羅作品的書卷那麼多。監獄書信的寫作風格十分獨特，尤以歌羅西書為甚。按筆者讀過有關歌羅西書的著作，有不少學者討論書中許多獨特的議題，但大部分都沒有從信徒生活的層面作深入剖析。一般作品都只是扼要地解説經文的意思，並沒有嘗試從較現代的角度來討論。事實上，如果沒有緊貼現代的學術趨勢來研究此書卷，便會削弱其對信徒的造就和對教會宣講的影響，這實在十分可惜。

近代許多有關保羅及其作品的研究，大大改變了學者對保羅神學的理解，這是所有受過訓練的傳道人所不能忽視的。筆者在本書中將會提出一些近期研究的新角度。這些研究的成果會幫助我們從政治層面去理解歌羅西書。事實上，即便是一些引發較少爭論的保羅書信如羅馬書，也含有政治方面的元素。雖然這類觀點似乎是出於現代解經學者對社會政治的關注，但從這個角度看保羅書信，有助我們更深入了解保羅的思想。保羅身處一個多元化的社會，當他寫信給小亞細亞的信徒時，很自然也會帶著自己對當時社會問題的看法。某些教會把政教分離的觀點推到極端，誤以為保羅不甚關注當時的社會和政治情況，事實上，保羅並沒有作這樣的分割。這些研究能幫助我們重新評估教會在社會中應有的角色和立場。

當研究古代書信，不少人都會忽略書信在修辭和口述傳遞上的特色。❶ 釋經學者經常忽略了一個事實，就是保羅的時代並無印刷術，當代人的閱讀能力、教育水準和文化素質，跟今天很不一樣。事實上，保羅書信根本不是印刷出來的書冊。他的書信是靠朗讀方式來傳遞，也就是説，「受信人」是靠「聽」來接收信件所傳遞的信息。

近年，有關「口述傳遞」的研究愈來愈受到重視，這令筆者感到欣慰；不過，在華人信徒中，論及保羅修辭技巧的作品依然不多。本書會集中探討保羅是如何勸誡受信人，也就是保羅書信的口述傳遞特色。因此，本書是在傳統解經上增添了另一個研究角度，讓讀者學習以「聽」的方式來接收保羅的信息，並付諸實踐，就有如當時的受信人一般。因此，在這導論中，筆者會就修辭、口述傳遞和講道這幾個層面多作探討，增加讀者對這些方面的認識，並且融會貫通，以致能對研經與講道有真正的裨益。本書涉及保羅書信的政治寓意，這是屬於社會層面的探討，但也同時涉及其口述傳遞的意義，這是屬於修辭層面上的研讀。

1.1 作為口述傳遞的信函

我們應該用甚麼方法閱讀一卷古舊的信函呢？筆者曾寫過一篇文章，評論那種把原本用來誦讀的書卷，作逐字仔細推敲的研讀方式是比較偏狹的，因為作者寫作時是遷就著口述傳遞的需要，以致在用詞上作了修辭上的表達，而逐字推敲的研讀方式就不能讀出這些修辭元素。❷ 事實上，哥林多前書及加拉太書都顯示出保羅的信息是經由口述傳遞的（參林後十 10，十一 6；加六 11、17）。帕拉亞（Michael Prior）認為加拉太書是保羅親筆撰寫的；如果真的是這樣，**加拉太書六章 11 節**就沒意思了。❸ 我們研讀保羅書信時，切不可忘記這些經文是為口述傳遞而寫下來的。

加拉太書六章 11 節：「你們看我親手寫給你們的字是何等的大！」

既是這樣，我們要以哪種方法讀經，才算是最能掌握經文的內容？過於聚焦於逐節經文的考究，而忽略整卷書的脈絡，並不是研讀歌羅西書的一種好方法。歌羅西書本來就是一封很短的書信，前半部分其實是預示了它後半部分的內容，而且前後互相呼應。不少人只集中討論其中部分章節，斷章取義地把幾節經文的意思歸納成一套「偉大」的神學理論。❹ 實際上，保羅大部分的受信人很可能都是文盲，他們根本沒機會接觸那麼多聖經書卷。即使我們假設了當時的受信人是很有文化，聚焦於逐節經文的考究仍會趨向狹隘。當時的社會缺乏先進的印刷科技，而且很少人識字，他們根本沒有機會逐字逐句仔細推敲經文的意思。若經文是為口述傳遞而寫下來，它總有相關的寫作特色，筆者將在下文細述這些特色。

1.1.1 歌羅西書的口述傳遞特色

1.1.1.1 運用文字遊戲

四章16節說：「你們宣讀了這書信，也要交給老底嘉的教會宣讀；你們也要宣讀從老底嘉轉來的書信。」歌羅西書明顯是一封在教會會眾中朗讀出來的信函。事實上，朗讀書卷在會堂中是很普遍的。❺ 當保羅不能親自前往處理教會的難題，最好的方法就是由他的使者讀出他的心聲，他的使者自然是那些有資格代表他的人（參林前十六10～11；林後八16）。❻

歌羅西書是一卷很短的書信，可以在聚會中一次過把它讀完；為此，書信的寫作手法顯得頗為重要。翁吾（Walter J. Ong）是口傳學的專家，他認為：「在一個主要靠口傳的文化中，要有效保留回憶和思想，就要將信息轉換成容易記憶的圖案和形狀，以助重複口述。重複字句或對比中的平行結構，還有詞彙之間帶相關的音韻……」。❼ 假如翁吾的看法沒錯，那麼我們必須特別留意保羅在書信中所使用詞彙與詞彙之間相關的音韻，以及他使用重複的主題或相關詞彙的用意。

翁吾的觀點成為筆者分析這些重複字句的基礎，尤其是那些交叉平行或其他形式上的平行（非在文學層面，而在口述傳遞模式上的）、帶重複和斷續音節的詞句，從而看見保羅是如何提醒受信人有關這些信息的特別之處。傳統書信的結構，用上了許多交叉平行或扇形結構；依照口述傳遞的現象，讀者還可在當中尋找得到某些聽覺上特別之處。

1.1.1.2 帶有頌詞的格式

另一個與口述傳遞相關的特點，是當中帶有頌詞的格式。頌詞的元素不一定只出現於口述傳遞的書信，也有出現於傳統的書寫內容當中。但是，為了達成口述傳遞的目的，頌詞的寫作手法是不可少的。有很多人將歌羅西書一章 15 至 20 節看為頌詞，因為一章 15 節之前缺少了一個主語，所以不能與前一段落連接。這假設十分合理，以頌詞來述説基督教重要的教義，是為了方便讀者牢記心中，並且易於轉述。以口述傳遞這樣的頌詞，可讓小亞細亞的教會即時明白和接受。這些頌詞的材料在教會中間傳閱，更成為了教會信仰規條的根據。

1.1.2 研讀歌羅西書的口述內容

歌羅西書既是為了方便口述傳遞方式而寫成，當研讀此書卷之時，自然要有配合的方法。若問研讀歌羅西書的方法，答案十分簡單，就是朗讀。不過，由於大部分的讀者都不諳希臘文，我們在閱讀時必須有適當的步驟：

- 將整卷書由頭至尾讀一遍，在過程中模擬保羅的受信人當日的情況。
- 讀完一遍之後，將書信開首和結束的部分的重點記錄下來。開首和結束的部分是全書重點所在，因為作者通常會把信息的要點和問題的核心放在這兩處地方，目的是要吸引受信人。筆者不是要否定過往的研究結果，❽ 而是說，當分析書卷內容之時，所得的詮釋若與書卷開始和結束部分脫節的話，都可能會出現解釋上的謬誤，甚至是完全錯誤。

- 細閱經文，並且留意任何重複的字詞或內容，也將重複的地方彼此之間相關之處作比較。
- 要經常參考頌詞的材料，細看其他經文與這段頌詞相關的地方，嘗試推測或重構原本受信人的感受和觀點。這樣的話，雖然每次查經或證道只包含幾節經文，卻不會忽略歌羅西書整體的信息。

1.2 主要內容

保羅在這卷書信中究竟要談論甚麼議題？上文已提及，信函開始和結束部分都講明了信件的主要目的。另外，一章 15 至 20 節是保羅的頌詞，也設定了這卷書信的神學基調。

在書信的開首，保羅提及歌羅西教會堅定的信心（一 2、4）。保羅又關注他們會否在知識的層面上，以及踐行信仰上不能持久、停滯不前（一 6、10）。保羅寫這書信所用的言詞，不像在加拉太書般滿懷怒氣，因為他希望歌羅西的信徒能成為上帝所賜福的後嗣，所以鼓勵他們在今世憑著信心生活，並堅定地要作天國的子民（一 12）。

在書信的末端，保羅列出一份同工的名單，當中大部分都是外邦人；雖然保羅身為猶太人，但他認定外邦人擁有與他平等的身分地位。保羅也藉此證明，上帝要藉著外邦人所建立的教會體現基督的奧祕，而外邦人也成為基督身體的一部分（一 27）。

以上述信首及結尾的內容作中心，此書卷的其餘部分，就是陳述基督的信仰可以從多方面展現出來，無論是在教義上、在教會生活中，或是在家庭裏。

書信結束時，保羅論及外邦人歸信是福音中的奧祕，也就是說明外邦人同樣是基督的身體，也代表著基督。保羅要讓歌羅西教會知道外邦信徒也有新的身分，這對他們大有益處。保羅期望歌羅西教會忠於上帝的主權。基督是萬有的主宰，任何人都要認同這主權。凡忠心的信徒也要像保羅一樣，活出這真理。

這書信鼓勵其他人效法保羅，讓上帝的主權充滿他們。換言之，在這信的開始、頌詞和結語中，保羅關注的有三件事：成熟、順服和聖徒的身分。

1.3 作者

雖然傳統一直以來，都以保羅為歌羅西書的作者，但這說法同時也長期受到質疑，有些人甚至認為歌羅西書可能是匿名作者的著作。筆者會將反對保羅是作者的論據列出，並論述筆者的觀點。

1.3.1 對於以保羅為作者的爭議

有不同的見解反對保羅是歌羅西書的作者，筆者將其歸納為六大點，予以簡述。

一、歌羅西書採用頌詞體裁是保羅作品所罕見的

許多學者認為歌羅西書的頌詞是由教會的傳統信條轉變而成

的，而非保羅的手筆。早在二十世紀初期，學者迪拜里斯（Martin Dibeilius）和他的學生分析保羅書信，其中在監獄書信中所包含的「傳統」材料特別受到廣泛的關注。❾ 本書雖然臚列不同學者的觀點，但讀者只需要掌握其中兩個基本的方向就足夠了。有些學者認為這頌詞源自希臘傳統，另些則把它看為猶太人思想的引申。

筆者借用昔日社會中惟一的基本單元「家庭」為例子作解釋。無論是信徒與否，「家庭」也是猶太人和外邦人共同關心的事。討論「家庭」的時候，觀念甚至表達方式與某些傳統相似，並不能否定這都是討論者的觀念和表達。同樣的道理可以應用到這裏的頌詞，保羅只是就著當時人人經常討論的議題向信徒說話，無論這頌詞是否與哪個傳統相近。無可否認，筆者也相信這頌詞並非一般的頌詞，但保羅同樣可以借用當時流傳的傳統頌詞，來講述基督教的教義。

二、書中出現罕有的神學主題及用詞

有學者認為此書信的用詞或內容，較少在保羅其他作品中出現（例如：道成肉身前的基督；一15）。巴爾特（Markus Barth）和布蘭克（Helmet Blanke）指出歌羅西書有「四十八個字是沒有在其他保羅書信中出現過，而其中三十四個更從沒有在任何新約書卷中使用過。」❿

不過，讀者不能忽略一個事實：保羅可能與當時許多作者一樣，在寫不同的書信時用了不同的代筆者。筆者相信無論當中的詞彙是否相同，但只要意思上沒有偏離保羅的原意，保羅仍會讓自己的代筆者在用詞上有相當的自由。在保羅的年代，代筆者可以是作者的速記員，甚或是「代作者」。在一般情況，人只會聘請代筆者處理不甚重要的文件。因此，許多學者認為歌羅西書有不少內容看似是有人假冒保羅所寫的，其實可能是「代筆者」的手筆。不過這似乎並非早期教會的做法，也不是當時流行的信函撰寫方式。

其實，歌羅西書裏的用詞，不一定影響作者原來的思路。⑪ 至於當中的含義和神學思想，在保羅早期寫的書信中找不到蛛絲馬迹，亦不代表就不是保羅自己的想法。

另外，有部分解經家認為歌羅西書並非出自保羅的手筆，是因為他們認為哥林多前書和歌羅西書有不同的教會觀和基督智慧觀。不過，鄧雅各（James D. G. Dunn）巧妙地指出，歌羅西書一章的基督頌詞所討論基督的智慧（參**一15**；這主題一直都不是保羅書信的重點），早就在哥林多前書八章 6 節出現過。⑫

「首生」（一 15）的觀念早在哥林多前書十五章 23 節出現過（指「初熟的果子」），可見歌羅西書與哥林多前書的內容頗為接近。

三、歌羅西書沒有直接引用舊約或沒有「如經上所記……」這句式

被公認為保羅所寫的書信，通常都有引用舊約書卷，並且以「如經上所記……」這句式表達（參羅三 10；林前二 9 等），只是歌羅西書卻沒有引用舊約經文或有「如經上所記……」這類似的句式。巴爾特和布蘭克提出非常有趣的論點，他們指出歌羅西書的作者可能刻意迴避猶太人的反對聲音，所以沒有提及舊約經文。⑬

然而，筆者認為歌羅西書的作者沒有引用舊約經文，很可能是讀者大多是外邦人，他是為了遷就這些信徒而已。巴爾特和布蘭克有上述的看法，只是因為他們不接受歌羅西書的讀者包括了外邦信徒。

四、歌羅西書裏的品德教導與希臘的道德規範十分相似

有學者認為歌羅西書記述的「家訓」（三 18～四 1）是抄錄自當時代希臘人所採用的道德規範。無可否認，這書信的「家訓」讀起來與

當時代的非信徒教師所教導的沒多大分別，但這「家訓」添上了基督信仰的色彩。這獨特的色彩，可能未能説服一些學者接受此書卷是出於保羅，但無論在保羅的年代或是在今天，説若信徒的道德觀和世界的道德標準沒有共通點，實在是説不過去的。保羅把當時的道德規範賦予信仰色彩，並以基督或信仰觀點為核心來闡釋是合理的（參羅十三章）。換言之，他的道德觀念不止是一套品格指標，而是帶著神學的色彩。再者，保羅以希臘文化來表達基督信仰，加上代筆者的用詞，保羅所傳的福音，就增添了完全處境化的模樣。

五、終末的觀點明顯有很強的「今世取向」

歌羅西書的風格本身是帶著「已成就」（realized eschatology）的色彩。作者強調凡有人在基督裏，他就已經得著新生命。但是，這一點也未能證明這終末觀不是出自保羅。歌羅西書重視在現世實踐信仰，因此，書信中的內容自然也會強調今世得著的生命表現，而這表現是即時的，不需要等到終末來臨才踐行，這與當時信徒所面對的社會處境是息息相關的。關於這一點，筆者會在分析經文時作詳細解釋。

六、歌羅西書沒有長篇幅的問候語

這書信之所以沒有很長的問候語，筆者認為原因很簡單：歌羅西書是一卷傳閱的書信，除了歌羅西教會外，保羅又明確地提及老底嘉教會（四 15、16），所以，此書信不是寫給一間教會，而是給小亞細亞一帶的教會。赫拿（Harold W. Hoehner）對這一點有頗詳細的討論。⓮ 此外，讀者也應留意歌羅西書的結束部分，這部分也很有保羅寫作的「味道」。保羅在全書最後一節經文中說：「我——保羅親筆問候你們。」（四 18）這與保羅在加拉太書的表達十分相似：「你們看我親手寫給你們的字是何等的大！」（加六 11）若撇除篇幅的問題，而從內容看這問候語，它與確定為保羅作品的書卷的問安習慣十分相似。

1.3.2 保羅是作者的觀點

貝茨（Hans Dieter Betz）認為保羅是用代筆者為他撰寫加拉太書的初稿，因此我們對加拉太書的作者毫不存疑。那麼，我們為何不能以這角度看歌羅西書呢？⑮ 哥林多前書十六章 21 節這樣記載：「我——保羅親筆問安。」歌羅西書也有相近的署名。筆者認為歌羅西書既帶有署名，就表示了這書信與其他仿效保羅手筆寫的作品不一樣。他加上署名是因為早期教會能夠認出他的簽署，也有檢視署名的慣例。「我——保羅親筆問候你們。」這句話暗示了這信件裏不同的部分可能是由其他人代筆的，但這依然是保羅發出的信函。此外，保羅似乎曾經給老底嘉教會寫過另一封信件，那封信可以成為佐證，證明歌羅西書是由保羅寫的（四 15、16），所以冒簽的可能機會很低，因為在當時，使徒權柄仍很重要。除了保羅，任何人隨便自稱為使徒，都不可能被當時的教會所接受。若歌羅西書不是保羅的作品，它實在不大可能被認同為基督教的經卷，這跟現代某些釋經者的見解剛好成為對比。⑯ 由於保羅親筆簽署這修辭方式，成為早期教會的見證，這是後代信徒更不能忽視的。

事實上，歌羅西書的寫作特色跟以弗所書很相似。一般學者都接受這兩卷書有許多相似之處。這一點跟作者是誰的問題有極大關係。⑰ 有學者認為歌羅西書和以弗所書即使有相近的地方，但不足以說明保羅必然是作者。因此，一般對保羅是以弗所書作者的說法存疑的學者，對保羅是否歌羅西書的作者，同樣有所憂慮。有些學者甚至認為

以弗所書根本就是另一本歌羅西書，作者是保羅其中一位跟隨者。⓲

然而，筆者認為保羅寫歌羅西書初稿之時，是由一位代筆者把保羅所說的內容記錄下來，並在默寫過程中，再附加其它的內容。那些堅持保羅是歌羅西書作者的人相信傳統的分析，再加上外在的證據和見證人（例如愛任紐，特土良，亞歷山大的革利免），已有足夠的支持理據。

赫拿的文章諷刺地指出，歌羅西書就像加拉太書一樣，有不常見和保羅不常用的辭彙；同時，在其他保羅書信中常出現的詞彙，在歌羅西書和以弗所書中卻不見蹤影。⓳ 從用詞的角度來看，明顯只有小量的證據和統計資料可以確定誰是加拉太書、歌羅西書和以弗所書等較短的書信的作者。因此，用詞的異同不足以決定歌羅西書的作者是誰。

總括而言，學者均在以弗所書和歌羅西書的原作者的問題上反反覆覆，不能確定。他們有如此不確定的想法，可歸納為兩個因素：他們推論保羅並非以弗所書的作者，以及他們對保羅的寫作風格或神學觀點有主觀的取向。這兩個決定性的因素，都是極度主觀、牽強和有偏差。他們所提出的理論，均不能完全否定保羅不是歌羅西書的作者。從保羅書信起用代筆者的事實，再加上受信人和早期教父的見證，筆者認為可以假定保羅為歌羅西書的作者，而這假定似乎較為妥當。⓴

1.4 寫作地點

既然我們接受保羅是歌羅西書的作者，我們就不得不提保羅寫這封書信的地點。這點可從三方面去分析。

1.4.1 寫於以弗所

保羅當寫此信之時，很可能是被囚於以弗所。但是，必須留意的是，歌羅西書的內容與以弗所書的內容有許多相似的地方，現列舉三點：

- 保羅在以弗所書提到在天上的「擄掠」（弗四 8），歌羅西書的「權勢解除」（二 15）與「擄掠」的意思十分相似。
- 這兩卷書都有提及到十架促使和平（弗二 16；西一 20）。
- 兩卷書提及的家訓，幾乎完全相同（弗五 22 ～六 9；西三 18～四 1）。

以弗所與歌羅西都位處小亞細亞地區，彼此也相近，保羅寫給以弗所的信，歌羅西教會極可能曾經傳閱，而以弗所的信徒根本可以將信息傳到歌羅西的信徒那裏（除非歌羅西教會當時仍未建立），而不需要保羅另外寫信給歌羅西教會。再者，在保羅時期，無論以弗所或歌羅西教會，信徒的人數根本不多。若地域相近，教會人數不多，保羅未必有需要特意為歌羅西教會寫一封信函。

1.4.2 寫於凱撒利亞

另一個看法是，保羅被囚禁在凱撒利亞時寫這信的。提出這看法的學者大都相信，腓利門書也是在同一時間寫成的，因保羅提到他在獄中遇見阿尼西謀（參 10 節「就是為我在捆鎖中所生的兒子阿尼西謀求你」）。他們有如此看法，是因為他們認為阿尼西謀是在凱撒利亞被捉拿的。凱撒利亞的人口不多，當地人認出阿尼西謀是外來人應是不難，阿尼西謀在那裏被捉拿，是易於在羅馬。

可是，試想想，對阿尼西謀來說，逃走到一個比凱撒利亞近，人口卻又較多的地方（或許是羅馬）實在較為安全。再者，阿尼西謀是歌羅西書其中一位帶信人（四9），凡帶信人不單是帶信，若受信人不明白保羅信中的意思，帶信人有責任作保羅書信的詮釋者。若按上文的推測，保羅是在凱撒利亞寫信，並認識逃到同一個地方不久的阿尼西謀，阿尼西謀應是剛歸信基督，仍未受過保羅的訓練。在這種情況下，他是很難作帶信人的。

1.4.3 寫於羅馬

一般相信保羅是歌羅西書作者的學者，都認同他當時被囚禁於羅馬。這看法似乎較為符合使徒行傳的時間表。雖然使徒行傳並沒有提及保羅傳道旅程的詳細資料，但確實提供了概括的時間表。保羅被囚在羅馬的時間寫作歌羅西書，與使徒行傳二十八章也吻合。巴拉班斯基（Vicky Balabanski）提出一個有趣的看法。她認為當保羅在歌羅西書提及阿尼西謀之時，所使用的語氣是與腓利門書截然不同的，因此歌羅西書寫成的時間，可能是在阿尼西謀得到腓利門接納之後。[21] 不過，筆者認為這一點未足以指出寫作的確實地點。

斯金納（Matthew L. Skinner）在一本非常有趣、討論保羅被囚時期的著作中，表示保羅被囚時所孕育的作品和觀念，都符合使徒行傳所記錄的情況。斯金納的處理方法，是從路加的記錄入手，了解早期教會的想法。他指出路加的著作讓讀者明白，保羅雖然被囚禁，但也是他傳福音的好機會，福音的傳開確實沒有被困住。這種想法是路加的見解，還是出自保羅呢？歌羅西書肯定地告訴我們這確實是保羅的想法。㉒ 這種想法也反映傳統上保羅有關得勝的觀念，這也與歌羅西書的信息十分吻合。斯金納的想法，符合歌羅西書和使徒行傳的歷史背景。這背景讓人對早期教會有更深的了解。歌羅西書的受信人，必曾對保羅下監的事件感到困惑（相信任何受信人都一樣）。尤其這是一封在監獄寫成的信件，保羅在信中所講論的，都彰顯基督的偉大。而且羅馬是皇室權力中心，保羅被帶到那裏，卻宣講基督的主權；讓人看到基督勝過所有障礙，這的確是極榮耀的畫面。保羅在羅馬這地點撰寫歌羅西書，不單配合當時的歷史背景，也提供了文學方面的處境。

1.5 教會背景

1.5.1 歌羅西教會所面對的問題

早期的解經家覺得，引發歌羅西書教義問題的根源，可能是諾斯底主義，㉓ 但隨著諾斯底主義是較後時期成形的見解得著普遍認同之後，這種說法就消失了。另外有些人認為問題出於巴勒斯坦地的猶太主義；㉔ 有人則認為是希臘合一論或希臘哲學；㉕ 甚至有人認為是異教信仰。㉖ 近期，何蒙娜（Morna Hooker）大膽地提出，歌羅西教會其實根本沒有面對教義問題，保羅只是引發教義的討論而已。保羅早已預見這種做法會掀起另一輪教義的爭議。㉗ 何蒙娜認為，保羅這樣做是要讓他的反對者無路可進。何蒙娜自然勇氣可嘉，但她的觀點帶出更多修辭方面的問題。讀者應如何分辨哪些言詞是屬於引起爭論，哪些是避免爭端的呢？答案只能視乎個人對經文分析而定。筆者認為，讀者先要撇除在歌羅西教會中找出「誰是反派」的念頭，才可突破這局面。歌羅西教會面對的「反派」聲音，可能從猶太人和外邦人之間的矛盾而生（這種掙扎是屬於猶太主義的一種）。鄧雅各認為若沒有猶太背景，實在很難理解這信函裏的一些句子。㉘ 歌羅西教會面對的猶太主義不一定來自巴勒斯坦，也可能源於他們本地——即小亞細亞；這些猶太主義和外邦宗教極可能已混合一起，存在於外邦的教會中。另一位學者勞奧蒂（Robert M. Royalty）認為，如果我們相信歌羅西書是在保羅死後才寫成，那麼，認識啟示錄七封書信所描述小亞細亞一帶地區的教會所面對的異端，是有助於我們了解歌羅西書受信人當時面對的異端問題（老底嘉教會亦是歌羅西書其中的受信人；參四 16）。㉙ 不過，若參考勞奧蒂的觀點，即使相信歌羅西書的作者是保羅，我們同樣可以參考啟示錄所描述老底嘉教會的背景，作為了解歌羅西教會面對異端的情況。只是，筆者質疑這種看法是否過分解讀歌羅西教會的背景，這樣是無助於了解此書信的內容。

無論我們怎樣分析這些問題，可以肯定的是，釋經學者都會千方百計嘗試找出歌羅西書第二章中所指的反對聲音屬誰。他們的研究源自兩個問題：第一，保羅是否書信的作者？第二，究竟歌羅西書有多少內容可以具體地映照出歌羅西教會問題的真實情況？琳斯坎（David Lincicum）就第二個議題作了些討論。他提醒那些採用「鏡像式閱讀」（mirror-reading）來研讀此書信的學者，在倡議其好處的同時，也要留意其限制。他認為如果歌羅西書不是由保羅寫的（這是他的立場），歌羅西書所反映的歷史背景極可能是作者自己建構出來的，而不是當時真實的處境。㉚ 筆者認為即使保羅是書信的作者，也可以出現琳斯坎所指出的情況。保羅確實是在攻擊那些反對者的立場。有學者認為無論歌羅西教會有甚麼問題，最難以理解的是，保羅用上了第二章大部分篇幅來討論，而其論點似乎和基督頌詞（一章）不大相同。不過，讀者可以在本書中看到第一章的基督頌詞，與第二章所提出關於歌羅西教會的問題之間，在用詞和主題上是有其交接點（參一 18 和二 19；一 19 和二 10）。

總的來說，歌羅西教會正面對著支持保羅那方的羣體與另一個信仰羣體之間的衝突，這另一個信仰羣體很可能糅合了某些邊緣信徒與主流猶太主義的信念；而保羅寫信的目的究竟是為挑起討論或是避免爭拗，是無法可知。筆者甚至認為保羅已預視到持不同教派思想的教師於教會裏存在，他們對福音的理解與保羅的理解不同。反對者的目的，可能是要利用這些衝突，意圖控制信徒成為他們的追隨者，以致他們與保羅對敵時能佔上風。不少學術專論文章及釋經書經常使用「融合主義」（syncretism）這詞彙來描述歌羅西教會的反對者，但斯佩賈（Petter Spjut）反對這種做法。於他而言，這種**融合的情況**只可用來形容某種化學現象，而很難應用在社會或宗教羣體中的現象。他再指出，若這現象真的出現，就暗示了在一世紀的信徒羣體中已有一個整全且明確的信仰體系；但是，事實並不如此。當時的信仰內容仍走在融合不同信仰形式的過程中。㉛ 筆者某程度接受斯佩賈的看法。為當時的教派作分類，根本就是現代人建構出來的想像。猶太一基督教一直都是一種融合的信仰，很難分割哪種信念是真確，哪種不夠真確。然而，任何帶有「混合」意涵的術語未必沒有它的意義，只要我們能夠為那些融合在保羅羣體中間的，或融合在保羅反對者中間的信念作出定義便可。

「融合」意味著在一個空間有某些不大真確的現象出現，而這些現象產生了一種影響力，使之與正統或真確的現象抗衡。

1.5.2 歌羅西的教會與老底嘉的教會

要讓聖經研究對應現代的需要，我們必須知道當時受信人的背景。依據保羅所說，此書信的受信人是歌羅西和老底嘉兩地教會的信徒（二 1，四 16）。這些教會極可能在保羅第三次宣教旅程前（公元 52～55 年）已經成立。這些教會不一定是保羅創立，而是由他的同工建立的，若是如此，最有可能的是以巴弗（一 7，四 12）。這兩地的教會極有可能是以弗所事工的分支（參徒十九章），這可能是保羅事工策略的成果。若參考啟示錄二至三章對七教會的記述，歌羅西書的受信人都極為功利和傾向世俗主義。事實上，我們也沒有足夠證據，證實早期教會事工已發展到鄉村地區。所以，只能推測歌羅西書的受信人都生活在大城市裏。大都市都是當時經商的必經之路，就像今日的香港、上海和東京。由於商貿頻繁，人受到這花花世界的思想和物質薰陶。其實，我們今天要面對的挑戰，與昔日的信徒沒多大分別。

1.6 神學主題

歌羅西書清楚表達保羅神學觀點的演變歷程。保羅創意地把基督論和教會論融合在一起，更強烈地以「教會」比喻基督的位格。它特別以身體的各部分來比喻教會，將基督耶穌看為教會的頭（一 18），以此表彰「頭」的主權，而教會不但是身體的一部分，更代表著基督。將教會比喻身體十分貼切，因身體各部分必須跟隨「頭」——基督。

1.6.1 歌羅西書的基督論與救恩論

筆者認為將歌羅西書的基督論視為宇宙論的一部分，是值得更深入探討的；而這種包含了基督論的宇宙論與救恩論同樣重要。第一章中的宇宙論，對保羅所傳的基督十分重要。以色列人的宇宙論告訴他們創造天與地的主宰是耶和華（創一章）。保羅的宇宙論則顯明基督是創造世界的主，是這位基督而非外邦的神祇，為受造的世界賦予意義。這種對創造之源的理解，成了歸信基督的人相信福音的基礎。

保羅將這種創造觀念連繫至救恩論。救恩論在保羅的頌詞中十分重要。世界墮落後，極需要一位中保來修復它原來的榮耀。在保羅心目中，基督是世界及教會的復和使者，因為世界及教會均活在邪惡的勢力之下。世界正處於混亂中，極需要與上帝和好，這點與保羅在其他地方的思想十分吻合。人類和世界均被邪惡捆綁，只有基督才可以讓他們得著釋放。基督成為肉身之前，已顯明是宇宙之主。32 歌羅西書的基督論，顯示出基督成為肉身之前的先存身分；這種看法有很深的神學意義。這教導十分重要，因為它說明上帝的計劃是超越歷史的。上帝藉著基督美好的救恩展示祂完美的計劃。上帝以祂的能力挽回人類和世界。這實在十分震撼，因為這不是任何一個國家或君王所能做到的。無論羅馬政府如何努力，也沒有任何意識形態或法制上的改革，能媲美耶穌基督這位宇宙之主宰所帶來的「革命」。

1.6.2 歌羅西書的神學用詞

1.6.2.1 約

除了救恩論，保羅在歌羅西書也用「約」這詞來表達上帝與歌羅西的信徒的關係。從歌羅西書使用有關「約」的用詞，可以讓讀者看到教會如何藉著基督彰顯上帝的掌管。在舊約中，上帝一直以恩約來管治以色列人；但是，在保羅的思想中，摩西的約已經不再有效用（參二11、16），新的「約」藉著水禮和心中的割禮表彰出來（二11～12）。「約」的觀念之所以重要，因它表明上帝在兩個不同歷史時期中的工作。保羅希望歌羅西教會的成員知道，像他們這樣的外邦人要成為上帝計劃的一部分。恩約的用詞不單確立上帝的管治權，更將基督放在教會中心的位置。惟獨他是萬人的主宰，他的管治就等同上帝的管治，所有信徒都該認同這管治和恩約。

談及這「約」，必須先了解這約的根源。「約」在基督論中救贖的層面上，確立其重要地位。按照舊約的觀念，兩個人有約在先，才需要在一些情況下為了對方而自我犧牲。歌羅西書二章6至12節談及的割禮、水禮和基督的犧牲，正是建基於恩約。所有信徒都應受水禮，這水禮與外邦宗教的儀式截然不同。保羅進一步談論前人如何以律法來指摘別人（二13～15），再指出基督的「割禮」卻是成全律法的（二11）。基督更同時成為祭司和祭牲，將兩者結合在一起。這種觀念與其他小亞細亞地區的異教信仰不同。再者，水禮這儀式象徵超自然能力已藉著基督的救贖表現出來（二14～15），然後讓教會得著能力。基督的超越（一17），藉著教會持續施行水禮這項恩約中的職事，就得到確認。這水禮在基督教中，等同非由人手所施行的割禮。

上帝的恩約已經顯明，祂把人以羣體方式納入祂的計劃裏。教會是一個羣體，這在歌羅西書裏舉足輕重。不過，不可忽略的是教會常須與非信徒分別。歌羅西書中甚少引用舊約經文，但有趣的是保羅將一些舊約普遍使用的詞彙，好像摩西的恩約，應用在約外之民身上。

1.6.2.2 罪

同樣地，保羅亦運用了舊約時代一些觀念，而不是舊約書卷的詞彙來闡釋他的神學思想。當保羅提到「罪」，卻有「約束我們的字據」（*cheirographon*，原文有「借據」的意思；二14）的意味。保羅用了「借據」這個猶太人和外邦人也常用的詞彙來描繪罪，藉這種罪的意念把罪人和摩西的律法連在一起。按保羅的看法，摩西的恩約對於他當代的人，包括猶太人和外邦人，依然有效，無論外邦人知道與否。因此，外邦人也因摩西律法的要求而顯明是欠下罪債。「罪」就是牴觸上帝的律法。換言之，世上所有人（無論他們知道與否）都活在上帝的恩約之下；可惜因著人的罪債，這恩約帶來了嚴肅而悲哀的後果。「借據」就是比喻人類這種悲哀。將這「借據（欠債）」釘死，實在是大好消息（二 14）。

1.6.2.3 能力

保羅有關「能力」方面的用詞，與欠債的意念也有關係。須留意的是，二章 15、20 節所說的權勢是邪惡的，但也具備一些人類的特質。這種權勢似乎在我們罪債的背後掌控著，這顯示有一個比人類更高更大的勢力將罪帶到世界。而比罪更嚴重的是，這勢力將人捆綁著（二 20）。這種權勢使人類活在律法之下，要人償還他們所欠的罪債。在小亞細亞的背景，這種能力必包含超自然的感應。許多學者估計這裏所指的權勢是屬於那惡者的，這吻合保羅時代小亞細亞地區的宗教文化。由於能力、權勢這些詞彙帶有政治色彩，暗示惡魔和天使也可能有階級的區分。二章 18 節提到敬拜天使，證明當時的確流行一些超自然的觀念，但不是聚焦於基督的能力。保羅認為必須要向受信人指出這樣的能力、權勢的面貌。無論是基督教、猶太教或一般哲學，背後都可能有這些能力。

1.6.2.4 主

「主」一詞在非基督教的領域裏，可以泛指一般的「主人」（由一家之首，到一國之君）。主耶穌卻在所有這些能力之上，甚至勝過那些超自然的力量。保羅源出的猶太啟示傳統認為，在世俗的政治體系背後，也有那惡者的勢力存在。保羅討論勢力和罪惡時，也涉及歌羅西的信徒過去拜偶像的習慣（三5）。保羅擔心歌羅西教會仍有可能再次陷入這種情況之中；而且，歌羅西教會也需要為著他們隨從肉體所犯的罪而負責。這些對信仰造成阻礙的，有外因和內因。外因是黑暗權勢的影響；內因則源自信徒本身，兩者均不正常。幸而，基督超越的權柄，是這些思想、言語和行為的良藥。

1.6.2.5 父

看過保羅怎樣將萬事萬物藉著基督與教會連結在一起，他對父上帝的觀念，更值得我們深思。父親的形象在希羅家庭起著連繫的作用。稱上帝為父不只顯示了性別，也是比喻上帝希望祂的兒女能成為同一家庭的成員。保羅稱上帝為「我們的父」（一2），這與稱上帝為「我的父」是很不一樣的。一般來説，稱上帝為「父」似乎有兩方面的寓意：上帝的性別或祂與信徒之間的關係，而這種關係不是個人獨有的。事實上，「父」將信徒放在同一個家中，並將他們與自己緊緊連繫在一起。父上帝在基督裏所建立的家庭，對世界有很大的作用。歌羅西書中有不少關於家庭的教導，教會中的家庭也就代表「父」所建立的家庭。尊貴的父上帝（主）就「住」在這些家庭中。所有的家庭都必須力抗對父神和主基督的謬誤思想，使神的家得著榮耀。

1.6.3 歌羅西書有關帝國的神學

屬於聖經文學學會（Society of Biblical Literature）的「保羅政治思想研究小組」（Paul and Politics Group）編撰了很多關乎保羅書信政治觀的書籍，當中有不少著名的學者以羅馬帝國主義的角度分析保羅書信。這類研究正式的開始可追溯到1997年霍斯利(Richard A. Horsley)的作品。[33] 與此同時,「保羅新觀」的詮釋,在分析保羅的神學時加入了對歷史資料的研究,而探討保羅書信的政治觀,則將研究轉移到另一個方向——保羅時代的社會關注。從現代社會科學的研究進路看這些書信,無疑能將人帶到保羅神學的另一個層面。梅爾(Harry O. Maier)最近寫了一篇文章,指出無論我們是否相信保羅是一個曾經在歷史中出現過的作者,從帝國的角度研讀歌羅西書是必須的,因為小亞細亞畢竟是到處都矗立著帝國建築物的樞紐。[34] 雖然歌羅西書並沒有直接挑戰羅馬帝國(事實上整卷歌羅西書亦沒有直接挑戰任何議題),保羅卻借用這世界作比喻。

有關保羅和他政治觀點的討論,早在二十世紀末已經開始。這話題的討論,通常圍繞保羅稱耶穌基督為「主」的觀念。由於部分「保羅政治思想研究小組」的學者認為歌羅西書出自別人手筆,所以這卷書一直沒得到他們重視。假如保羅的確是歌羅西書、以弗所書和腓立比書的作者,其中實在很可能帶著一種帝國意識。當他被囚在獄中或是被軟禁,一天二十四小時被御營士兵看守著之時,那有不涉及當時政治狀況的可能?諷刺的是,被世界帝國的掌權者凱撒囚禁的保羅卻宣稱耶穌基督是絕對超越的掌權者。按保羅時代的政治和社會背景,凱撒的王權是人所皆知的。雖然凱撒的時代頗為太平,羅馬人仍期待更偉大的事會發生。[35] 許多考古的證據都顯示,凱撒一直被稱為「全地的王」。[36] 因此,帝王的掌控和效忠的要求無遠弗屆。當時小亞細亞表面上對凱撒十分忠誠,目的只是為了得到金錢上的好處。至於保羅的用詞,好像「平安」、「拯救」、「集會」(即教會聚會),以及錢幣和許多其他物品,都有羅馬帝國的影子。事實上,保羅所傳的福音實在是太愚蠢了,因為當中有很多用語都會冒犯凱撒的王權。

歌羅西書中是否有帝國的神學呢？答案要視乎我們怎樣解讀這卷書。學者有兩個基本的方向：第一個方向是把保羅這封信視為攻擊凱撒政治體制的；第二個方向則把保羅的教導應用於今天的政治場景之中，而不把這封信本身視為帶有政治色彩。筆者會在下文依次討論這兩個當今的學術立場。

一、把歌羅西書視為攻擊凱撒政治體制的

認為保羅的作品充滿政治色彩的人，將歌羅西書跟希臘人的政治理念等量齊觀；即或保羅不是直接討論政治，其思想至少跟希臘人的政治思維不相伯仲。當保羅運用「主」一詞時，肯定是有政治含意的詮釋。王者像神明一樣充滿智慧，也正好符合希臘式思維。[37] 保羅的基督論也帶出這層面的思想，因為耶穌是那不能看見之上帝的形像，並且滿有上帝的智慧。還有一些學者的作品，暗示接受保羅所傳之福音者，很大程度是反對凱撒的。[38] 當時的讀者肯定可以在保羅書信中聽到反對凱撒的情緒「迴響」，不過沒有甚麼證據顯示，他們直接跟凱撒的政治體系對抗。

許多「保羅新觀」的學者指出，讀者不能忽視保羅的神學理念與他的政治觀之間的關係。備受尊敬的新約學者馬素爾教授（I. Howard Marshall）並非保羅政治觀的詮釋者，但在他最近的作品中也提到許多學者看到保羅在書信中使用「權力用語」來探討基督論，這種做法是有重要作用的。[39] 而且，上帝的家這意念是十分政治化的，尤其他們稱上帝為父，並以耶穌為主。奧古士督（Augustus）稱自己為「一家之主」，他同時也是羅馬帝國的元首。若從羅馬社會秩序來看家庭，便明白家庭穩定的重要性。假如家庭制度崩潰，社會也會受損。因此，羅馬律法有規定要維護家庭穩定，如此才能維持社會秩序穩定。這想法

與亞里士多得對 Politics 一詞的運用吻合。[40] 雖然如此，即使皇族家庭是國家的領導，但從來未有聽聞皇帝要依法與國民和好的事。事實上，保羅的時代並沒有甚麼促成人與人和好的記載，遑論一個尊貴的人要與敵對的屬下和好（一 21）。耶穌是主，所以上帝家中的成員得以與上帝和好（尤其在基督再來時），而且保羅所寫的事逐漸成就。[41] 更重要的是，上帝不單是在個別教會中，也在普世教會中為主。不過，重要的問題是，許多保羅的詮釋者往往念念不忘那些帶著政治色彩的比喻。

其實，保羅習慣以日常生活中各樣的事情來作比喻，政治是其中之一。奴隸制度是一個好例子。保羅論及救恩時，運用了很多和奴隸制度有關的比喻，但我們不能因此就說保羅是一位解放奴隸制度的思想家。運用比喻，正是涉及一些完全不同領域的東西。保羅在歌羅西書中，也用了衣著方面的比喻（三 9～11），這在加拉太書也曾出現（加三 27），而衣著跟當時的階級制度有關（有關衣著方面的詳細討論，可參三章 9 至 11 節的註解〔參 5.2.3.2「不活在地上的罪裏」，頁 140～142〕）。可是，保羅不是階級問題的專家，也非時裝界的權威。同樣，運用政治方面的比喻，保羅的目的也不是要攻擊凱撒的管治。相反，耶穌基督和父上帝對世界的主權，是凱撒所不能相比的，而教會必須體現上帝在教會和人生中的主權。

比喻往往是由一些其他的意念和事物推演出來的。保羅是現實主義者，也是牧者，但他並非政治思想家及哲學家。他沒有支持或反對帝國的意圖，[42] 但他確實看到世上體制的背後，有一種超自然的能力操控著。保羅看這些能力為從那惡者而來的，他對這方面的描述極為負面（參羅十三 1～7）；但是，保羅亦看這些能力為出自基督的。從字裏行間看得見，保羅談及出自後者的能力，卻只在教會一般信徒身上彰顯。然而，他沒有集中攻擊那些屬那惡者的能力，他反而專注討論教會如何能切實地彰顯基督的能力。基督活在世上時掌權，基督升天以後，教會延續這管理大地的權柄。信徒並非靠軍事或政治力量，而是靠著使人和睦、得享平安的福音，如今也得以跟基督一同作王。耶穌比任何一位哲學家——包括被稱為「哲學家皇帝」的柏拉圖——偉大得多。耶穌施行神蹟，使教會成為他的身體。他既是歌羅西教會的頭，教會就是他的身體，延續他成為肉身在世的工作。教會絕對沒有推翻當時的政治體制和系統的意圖，只希望藉著善行，從根本處著手去改變它們。從這角度而言，這書信即或沒有甚麼政治寓意，也會對政治產生影響。

二、把保羅的教導應用於今天的政治場景

近期對歌羅西書政治觀的研究，來自沃爾什（Brian J. Walsh）和姬絲瑪慈（Sylvia C. Keesmaat）的著作（*Colossians Remixed: Subverting the Empire*）。這書對保羅書信提出十分吸引的應用。他們嘗試把歌羅西書應用在現代政治範疇，又忠於保羅書信的內容。沃爾什和姬絲瑪慈將此書信內容與現代的政治思想拉上關係，期間要不涉及羅馬人的帝國觀念本來並不容易，但他們卻做到了。他們將應用側重於對後現代全球化的關注上，提醒北美基督徒要多關注政治。政治不一定是壞的，很多時候甚至可以帶來對人的幫助。但這部著作肯定未能成功地從保羅一封毫不政治化的書卷，建構出一些政治思想。歌羅西書的政治元素比較隱晦，更不是此書卷本來的重點。其中的政治元素只是源於修辭的作用，或為當時固有的思想；保羅只是透過比喻的方式，為這些元素再重新定義。保羅無意引起任何政治動亂。歌羅西書無疑會在政治和其他生活層面上挑戰信徒，但其基調卻非政

治化。

政治方面的應用，往往出自現代釋經學者的個人看法，而非保羅原本的意念。從解經角度而言，在跟現代的政治神學詮釋拉上關係前，學者對一些經文的辯證，或多或少都會賦予經文反對羅馬政權的色彩。一切關乎保羅書信之政治分析，其實都源於釋經上的取態。許多持「保羅新觀」立場的學者，分析這部分經文時常有濃厚的政治取向，而且帶著強烈的、越俎代庖的「讀者回應」(readers-response)的色彩。[43] 這些取向，不論合適與否，都被強加在經文的詮釋之中。再者，保羅書信的政治寓意，縱然只是出於他對教會的教導，但對於選擇以政治角度來分析保羅書信的人，仍顯得充滿政治色彩，這實在是個別釋經學者個人的選擇。不過，這種穿鑿附會的詮釋方法，實在值得商榷。

到底保羅的神學中有甚麼政治含意呢？筆者相信，保羅思想中的政治含意離不開其基督論，從屬靈的角度稱基督為王，或提及基督的國度。保羅在羅馬被囚的背景，對他論及政治時的神學觀有重要的影響。當時的羅馬政府擁有無上的權威，[44] 然而，保羅卻膽敢描繪最終的得勝者是基督，而非羅馬政權。保羅的人生表彰了上帝的得勝和榮耀。他寫給歌羅西教會的信，正是這份勇氣與勝利的產物。任何因保羅被囚而內心產生矛盾的信徒，都要俯伏敬拜基督。在這書信中，保羅論及基督比任何政治體系更強更大，尤其在屬靈的領域上。若現今的信徒認為這些話帶有針對性，那麼保羅針對的可能不單是凱撒一人。他所傳的福音明確宣告耶穌的身分——他是萬有的主宰。他惟一提到的「革命」就是要他們學效基督，生命得以改變。局外人可能認為這點甚具革命性，但事實上，新世代已經來臨了。教會不過是把這新世代的樣式體現出來而已。保羅的末世論(基督的新世代)，是任何傳統的革命思想所不能取代的。末世論（而不是政治），才是學習保羅書信中神國度的鑰匙。保羅究竟是否在攻擊羅馬政府呢？不！他理想中的基督國度和王權，只是跟羅馬政權成為特別的對比，而不是要構成攻擊。保羅信息的元素，並不是那些隱喻、推論和暗示；保羅的宣告確實是跟文化抗衡的，但說保羅在策動政治革命則毫無理據。不過，對保羅的讀者而言，確實常常會在這種情況下掙扎，究竟應該效忠耶穌抑或凱撒？保羅既願意順服地上的政權，但同時讓基督的國度藉著教會愈見明顯。他的教導與現代的帝國理念截然不同，當時的信徒，活在無止境的壓迫中，盡其所能去適應、調整自己，來見證耶穌的主權。

1.7 結構

驟眼看，歌羅西書的內容分兩大部分，就是保羅在教義上的教導，及保羅對信徒生活的教導。不過，如何將這兩大部分分段，不同學者有不同的意見。即使歌羅西書有幾個不同的分段模式，為了讓大家較容易理解，筆者選擇採用比較簡單的大綱。書信的前部分，即保羅的真理教導，是由一章 1 節開始至二章 5 節；至於二章 6 節至四章 18 節則屬於第二部分，即保羅的生活教導。現將結構簡單列於下：

（一）對歌羅西教會的教導（一 1～二 5）

　　引言：對歌羅西教會的感恩與期許（一 1～12）

　　基督普世的事工（一 13～23）

　　保羅的自白（一 24～二 5）

（二）信徒的生活方式（二 6～四 18）

　　面對異端（二 6～三 11）

面對家中的成員（三 12～四 1）
事工分享及問安（四 2～18）

1.8 參考書目

1.8.1 註釋書

Barth, Markus and Blanke, Helmut. *Colossians: A New Translation with Introduction and Commentary*. AB 34b. Translated by Astrid B. Beck. Garden City, NY: Doubleday, 1994.

Dunn, James D. G. *The Epistles to the Colossians and to Philemon*. NIGTC. Grand Rapids, MI: Eerdmans, 1996.

Hoehner, Harold W. *Ephesians: An Exegetical Commentary*. Grand Rapids, MI: Baker Academic, 2002.

Lohse, Eduard. *Colossians and Philemon: A Commentary on the Epistles to the Colossians and to Philemon*. Hermeneia. Philadelphia, PA: Fortress Press, 1971.

MacDonald, Margaret Y. *Colossians and Ephesians.* Sacra Pagina Series. Collegeville, MN: Liturgical Press, 2008.

Pao, David W. *Colossians and Philemon: Zondervan Exegetical Commentary on the New Testament*. Grand Rapids, MI: Zondervan, 2012.

Thompson, Marianne Maye. *Colossians and Philemon*. Two Horizons. Grand Rapids, MI: Eerdmans, 2005.

鮑會園：《歌羅西書》。香港：天道書樓，1980。

曾思瀚：《僕人領袖的教導與領導——提多書、提摩太前書析讀》。香港：基道出版社，2013。

1.8.2 專題著作

Gamble, Henry Y. *Books and Readers in the Early Church*. New Haven, CT: Yale University Press, 1995.

Horsley, Richard A. ed. *Paul and Empire: Religion and Power in Roman Imperial Society*. Harrisburg, PA: Trinity Press, 1997.

______ ed. *Paul and Politics: Ekklesia, Israel, Imperium, Interpretation.* FS Krister Standahl; Harrisburg, PA: Trinity Press International, 2000.

_____ ed. *Paul and Roman Imperial Order.* Harrisburg, PA: Trinity Press International, 2004.

Kim, Ng-hun. *The Significance of Clothing Imagery*. London; New York: T & T Clark International, 2004.

Murphy-O'Conner, Jerome. *Paul the Letter-Writer: His World, His Options, His Skills.* Collegeville, MN: Liturgical Press, 1995.

Ong, Walter J. *Orality and Literacy: The Technologizing of the Word*. London; New York: Routledge, 2002.

Prior, Michael. *Paul the Letter-Writer and the Second Letter to Timothy*, JSNTSup 23. Sheffield: Sheffield Academic Press, 1989.

Said, Edward. *Culture and Imperialism*. New York: Vintage Books, 1993.

Tsang, Sam. *From Slaves to Sons: A New Rhetoric Analysis on Paul's Slave Metaphors in his Letter to the Galatians*. New York: Peter Lang, 2005.

_____. "Are We 'Misreading' Paul? : Oral Phenomenon and Implications on Exegesis of Paul's Letters."《建道學刊》26（2006）：頁 25～54。

Walsh, Brian J. and Keesmaat, Sylvia C. *Colossians Remixed: Subverting the Empire*. Downers Groves, IL: InterVersity Press, 2004.

釋經短註

❶ 有關口述傳遞特色這方面的討論，可參曾思瀚：《僕人領袖的教導與領導——提多書、提摩太前書析讀》（香港：基道出版社，2013），頁 36～38；另可參 D. F. Tolmie, *Persuading the Galatians*, WUNT II 190 (Tübingen: Mohr Siebeck, 2005), 190；Paul Borgman, *The Way According to Luke: Hearing the Whole Story of Luke-Acts* (Grand Rapids, MI: Eerdmans, 2005)。

❷ 有關筆者寫的文章，可參 Sam Tsang, "Are We 'Misreading' Paul? : Oral Phenomenon and Implications on Exegesis of Paul's Letters"，《建道學刊》26（2006），頁 25～54。

❸ 加拉太書六章 11 節提供一個清楚的依據，像是保羅在這裏簽上了他的大名。保羅為甚麼需要說「我親手寫給你們的字是何等的大」？相似的經文也出現在哥林多前書十六章 21 節。背後只是為了聽眾還是有其他原因？我們從研究保羅的代筆者，可以看出一些特別的問題。這節經文只是讓保羅的聽眾明白，六章 10 節與 11 節之間的手寫體不同的原因。看起來保羅是另覓一個人，替他把加拉太書一章到六章的內容寫了下來。然後他檢查了內容，確定了所寫的，最後在六章 11 節開始，親手寫下了他最後重要的話。有關帕拉亞（Michael Prior）的論點，可參 Michael Prior, *Paul the Letter-Writer and the Second Letter to Timothy*, JSNTSup 23 (Sheffield: Sheffield Academic Press, 1989), 41。

❹ 不將書信的內容看為一套偉大的神學理論，並不是指當時的受信人沒有足夠智慧了解那些比較深奧的論述，而是當時的受信人其實已有足夠能力去明白這些複雜的議題。有關這方面的討論，可參 James

D. G. Dunn, *The Epistles to the Colossians and to Philemon*, NIGTC (Grand Rapids, MI: Eerdmans, 1996), 86。

❺ 有關在會堂裏的朗讀，可參 Henry Y. Gamble, *Books and Readers in the Early Church* (New Haven, CT: Yale University Press, 1995), 209～211。

❻ R. F. Ward, "Pauline Voice and Presence As Strategic Communication," *Semeia* 65 (1995), 102～104.

❼ 翁吾（Walter J. Ong）對古代口述傳遞書信的研究，可參 Walter J. Ong, *Orality and Literacy: The Technologizing of the Word* (London; New York: Routledge, 2002), 34。另參 Bruce A. Rosenberg, "The Message of the American Folk Sermon," in *Oral Formulaic Theory*, ed. J. M. Foley (London: Garland, 1990), 146 ～ 147。在現代北美非裔教會的講道中，常會聽到類似的音調和音韻。

❽ 對研讀歌羅西書進一步的資料，可參 R. N. Richards, *The Secretary in the Letters of Paul*, WUNT 2, Reihe 42 (Tübingen: J. C. B. Mohr, 1991): 132；Jeffrey A. D. Weima, *Neglected Endings: The Significance of the Pauline Letter Closings*, JSNTSup101 (Sheffield: JSOT, 1994)。

❾ 有關迪拜里斯（Martin Dibeilius）獄中書信採用「傳統」材料的討論，可參 Martin Dibeilius, *Geschichte der christlichen Literatur*, vol. 2 (Berlin: Walter de Gruyter, 1926), 67 ～ 77；另外，亦有 George E. Cannon, *The Use of Traditional Materials in Colossians* (Macon, GA: Mercer University Press, 1983)。這本看似已經過時，但仍是一本重要的著作，因為它仍有很多解釋上的亮光。讀者亦可再參 Eduard Lohse, *Colossians*, Hermeneia (Philadelphia, PA: Fortress Press, 1971), 177。

❿ Markus Barth and Helmut Blanke, *Colossians: A New Translation with Introduction and Commentary,* AB 34b, trans. Astrid B Beck (Garden City, NY: Doubleday, 1994), 57.

⓫ 赫拿（Harold Hoehner）指出保羅不同書信中彼此有相近之處。他指出加拉太書全書有 2,233 個字，其中 519 個是保羅式的用詞。另外以弗所書中有 2,422 個字，保羅式的用詞共有 527 個。那些對歌羅西書作者身分存疑的人，同樣也會對以弗所書的作者存疑。以弗所書在內容上又比歌羅西書的內容更抽離，缺少切身的關係。然而，從上述數據可見，作者身分鮮受質疑的加拉太書，使用的保羅式的用詞不比以弗所書高，更不像由保羅寫的。故此，學者難以從書信的用詞斷定歌羅西書不是保羅所寫的。參 Harold Hoehner, "Did Paul Write Galatians? " in *History and Exegesis*, ed. Sang-Won (Aaron) Son (New York: T & T Clark, 2006), 150。

⓬ Dunn, *The Epistles to the Colossians and to Philemon*, 91.

⑬ Barth, *Colossians,* 66.

⑭ Hoehner, " Did Paul Write Galatians? " 15.

⑮ Hans Dieter Betz, *Galatians: A Commentary on Paul's Letter to the Church in Galatia* (Philadelphia, PA: Fortress Press, 1979), 1.

⑯ 麥當妮（Margaret Y. MacDonald）認為既然沒法斷定歌羅西書的作者，就不如看那作者是一位匿名作者（他可能是猶太人或希臘人），筆者認為她這觀點較為老舊。新約聖經仍有些書卷的作者是難以確定的（例如希伯來書）。誰是書卷的作者或許十分重要，不過，與其隨意找一個人來充當作者，倒不如承認我們不知道作者是誰；只是，很多人都不能接受這種說法。參 Margaret Y. MacDonald, *Colossians and Ephesians*, Sacra Pagina (Collegeville, MN: Liturgical Press, 2000), 8。德席爾瓦（David A. DeSilva）則認為有部分人仍傾向接受匿名作者的說法。這些人認為按羅馬人的習慣，會在文章結尾寫下作者的名字。可是，這例子卻實在有點誤導，因為那些文章的體裁並不是甚麼有權威的宗教作品。再者，教會在把某書卷歸納為正典前也必須經過嚴謹的審核。反之羅馬人沒有這樣的做法。參 David A. DeSilva, *An Introduction to the New Testament* (Downers Grove, IL: IVP, 2004), 687。

⑰ Harold Hoehner, *Ephesians: An Exegetical Commentary* (Grand Rapids, MI: Baker Academic, 2002), 34.

⑱ 要了解更多學者的觀點，可參 Barth, *Colossians*, 121～122。

⑲ 詳盡數據可參 Hoehner, " Did Paul Write Galatians? " 157～161；Maria Pescuzzi, " Reconsidering the Authorship of Colossians, " *Bulletin of Biblical Research* 23 (2013): 235～237。

⑳ 鄧雅各認為保羅本人確實將書信的大綱寫下，然後再交代筆者寫出內容，最後由保羅確認和補充內容。這種假設自然有其可取之處，但最有力的證據，是保羅到最後簽署了下款，所以保羅仍可算是作者。參 Dunn, *The Epistles to the Colossians and to Philemon*, 36。

㉑ 有關巴拉班斯基（Vicky Balabanski）的觀點，可參 Vicky Balabanski, " Where is Philemon? The Case for a Logical Fallacy in the Correlation of the Data in Philemon and Colossians 1.1~2; 4.7~18, " *JSNT* 38/2 (2015): 136～137。

㉒ Matthew L. Skinner, *Locating Paul: Places of Custody as Narrative Settings in Acts, 21~28* (Leiden; Boston, MA: 2003), 6.

㉓ 有關歌羅西教會面對的諾斯底主義，可參 J. B. Lightfoot, *St. Paul's Epistles to the Colossians and to Philemon* (London: Macmillan Publishers, 1904)；Martin Dibelius, *An die Kolosser, Epheser, and Philemon* (Tübingen: Mohr, 1953)；Mxolisi Michael Sokupa, " The Calendric Elements in Colossians 2:16 in Light of the Ongoing Debate on the Opponents," *Neotestamentica* 46 (2012): 172～189。

㉔ 有關歌羅西教會面對的猶太主義，可參 S. Lyonne, "Paul's Adversaries in Colossae," in *Conflict at Colossae*, ed. F. O. Francis, W. A. Meeks (Missoula, MN: Scholars' Press, 1973), 147～161；W. D. Davies, *Paul and Rabbinic Judaism: Some Rabbinic Elements in Pauline Theology* (Philadelphia, PA: Fortress Press, 1980)。

㉕ 有關歌羅西教會面對的希臘哲學，可參 H. Hegermann, *Die Vorstellung vom Schöpfungsmittler im hellenistischen Judentum und Urchristentum*, TU 82 (Berlin: Akademie, 1961)；J. Lähnemann, *Der Kolosserbrief*, SNT 3 (Gütersloch: Gütersloher, 1971)；Joachim Gnilka, "Das Paulusbild im Kolosser-und Epheserbrif," in *Kontinuität und Einheit* P. G. Müller, ed. W. Stenger (F S F. Mussner; Freiburg: Herder, 1994), 179 ～ 193；G. B. Caird, *Paul's Letters from Prison* (London: Oxford University Press, 1976)。

㉖ 嚴格來說，亞諾德（Clinton E. Arnold）認為問題出於不同宗教的混合，即民間信仰化的猶太主義和基督信仰。他的研究縱使年日已久，仍提供不少值得留意的觀點，這方面資料可參 Clinton E. Arnold, *The Colossian Syncretism: The Interface Between Christianity and Folk Belief at Colossae* (Grand Rapids, MI: Baker, 1996)。如欲了解新近的資料，可參 Marianne Meye Thompson, *Colossians and Philemon*, Two Horizons (Grand Rapids, MI: Eerdmans, 2005)。

㉗ Morna Hooker, *From Adam to Christ: Essays on Paul* (Cambridge: Cambridge University Press, 1990), 121～136.

㉘ Dunn, *The Epistles to the Colossians and to Philemon*, 34

㉙ Robert M. Royalty, "Dwelling on Vision: On the Nature of the so-called 'Colossians Heresey'," *Biblica* 83 (2002): 333～357.

㉚ 所謂將「鏡像式閱讀」(mirror reading)應用在研讀保羅書信，是指試圖從書信部分談話內容(即「形象」，"image")分辨書信的上下文(即「對象」，"object")。有關這方面討論的例子，可參 Nijay K. Gupta, "Mirror-Reading Moral Issues in Paul's Letters," *JSNT* 34/4 (2012): 361 ～ 381。有關琳斯坎（David Lincicum)的研究，可參 David Lincicum, "Mirror-Reading a Pseudepigraphal Letter," *NovT* vol. 59 / 2 (2017): 171～193。

㉛ Petter Spjut, "The Protestant Historiographic Myth of and the Discourse of Differentiation in Scholarly Studies of Colossians," *Svensk Exegetisk Årsbok*, vol. 80 (2015): 169～185.

㉜ 基督成為肉身之前，已顯明是宇宙之主這討論，可參 I. Howard Marshall, *New Testament Theology* (Downers Grove, IL: IVP, 2004), 375。

㉝ 有關以羅馬帝國主義的角度分析保羅書信的，可參霍斯利（Richard A. Horsley）的著作：Richard A. Horsley ed., *Paul and Empire: Religion and Power in Roman Imperial Society* (Harrisburg, PA: Trinity Press International, 1997)；Richard A. Horsley ed., *Paul and Politics: Ekklesia, Israel, Imperium, Interpretation* (F S Krister Standahl；Harrisburg, PA: Trinity Press International, 2000); *Paul and Roman Imperial Order* (Harrisburg, PA: Trinity Press International, 2004)。

㉞ 有關小亞細亞一帶地區是矗立帝國建築物的樞紐的討論，可參 Harry O. Maier, "Colossians, Ephesians and Empire" in *An Introduction to the Empire and the New Testament*, ed. Adam Winn (Atlanta, GA: SBL Press, 2016), 185 ～ 186；*Picturing Paul in Empire* (London: T & T Clark, 2013), 1 ～ 34, 63 ～ 101；"Reading Colossians in Ruins" in *Colossae in Space and Time*, ed. Alan H. Cadwallader and Michael Trainer (Göttingen: Vandenhoeck and Ruprecht, 2013), 212～229。

㉟ 參 Robert Jewett, "The Corruption and Redemption of Creation," in *Paul and the Roman Imperial Order*, ed. Richard A. Horsley (Harrisburg, PA: Trinity Press International, 2004), 26～31。另參 Harry O. Maier, "A Sly Civility: Colossians and Empire," *JSNT* 27/3 (2005), 323～349。當中提供了不少對「(奧古士督的平安」和「保羅的新秩序」的比較。

㊱ 芬田（Joe Fantin）曾在他的著作中探討「全地的王」這議題，讀者可參考 Joseph D. Fantin, *The Lord of the Entire World: Lord Jesus, A Challenge to Lord of Caesar?* (Sheffield: Sheffield Phoenix Press, 2011)。另參 N. T. Wright, "Paul's Gospel and Caesar's Empire," in *Paul and Politics*, 166～167。

㊲ 布盧門菲爾德（Bruno Blumenfeld）指出在希臘哲學家畢達哥拉斯（Pythagorean）的思想中，這想法是重要的、布盧門菲爾德認為保羅常用不同的經文來帶出主權的理念（參林前三10）。筆者雖不能完全同意布氏把保羅書信全面希臘化的觀點，但他的研究（不論與保羅的思想相符合或有牴觸），仍是非常有價值的。有關這方面的討論，可參 Bruno Blumenfeld, *The Political Paul*, JSNTSup 210 (Sheffield: Sheffield Academic Press, 2001), 254。

㊳ Brian J. Walsh and Sylvia C. Keesmaat, *Colossians Remixed: Subverting the Empire* (Downers Groves, IL: InterVersity Press, 2004), 50～57.

㊴ Marshall, *New Testament Theology*, 375.

㊵ Sam Tsang, *From Slaves to Sons: A New Rhetoric Analysis on Paul's Slave Metaphors in his Letter to the Galatians* (New York: Peter Lang, 2005), 23.

㊶ 賴達（George E. Ladd）強調耶穌真實地「進入上帝的拯救」，也就是上帝進到現實世界當中。他們的論點，可參 George E. Ladd,

A Theology of the New Testament (Grand Rapids, MI: Eerdmans, 1991), 369。

㊷「支持或反對帝國的意圖」這概念出自著名的思想家薩依德(Edward Said)。他認為任何關乎帝國主義的作品，都與「支持或反對」有關。這種理念可能與殖民地的壓抑有關，但保羅有可能並不是講及「帝國主義」的話題。薩依德的論點，可參 Edward Said, *Culture and Imperialism* (New York: Vintage Books, 1993), 279～303。

㊸沃爾什(Brian J. Walsh)和姬絲瑪慈(Sylvia C. Keesmaat)假想了自己就是歌羅西書的讀者，參 Walsh and Keesmaat, *Colossians Remixed*, 49～57。

㊹斯金納(Matthew L. Skinner)清楚解釋保羅比羅馬將領亞基帕更早到了羅馬。那是對羅馬權力一大打擊，因為亞基帕是當地典型的羅馬統治者。Matthew L. Skinner, *Locating Paul*, 147。

第一篇

對歌羅西教會的教導

（一1～二5）

第一篇的內容是保羅對歌羅西教會作真理的教導(一1～二5)。雖然只是短短的第一章再加第二章的五節經文，但內容所包含的基督教神學思想卻十分豐富。筆者將這段經文分為三章論述：引言，其中包括保羅的問安及感恩禱告(一1～12；即本書第二章)；基督普世的事工，其中包括基督的頌詞(一13～23；即本書第三章)；保羅的自白，是保羅透過事奉的自白來鼓勵信徒事奉(一24～二5；即本書第四章)。筆者將一章12節列入一章1至11節這段落，是讓讀者藉著這詳細的引言，更了解基督頌詞(一15～20)的背景和含意。保羅用了極為正面的語調，鼓勵歌羅西教會要繼續努力，不斷地成長，並且追求成熟的屬靈生命。這樣，當他們面對假教師的法則和律例(第二章)時，他們就能以成熟的態度面對。

第二章

引言：對歌羅西教會的感恩與期許（一1～12）

- 保羅向教會問安
- 保羅為信徒感恩
- 保羅為信徒禱告

經文

1 1 奉上帝旨意，作基督耶穌使徒的保羅，和我們的弟兄提摩太，
2 寫信給歌羅西的聖徒，在基督裏忠心的弟兄。願恩惠、平安從我
們的父上帝歸給你們！3 我們為你們禱告的時候，常常感謝我們主耶穌
基督的父上帝，4 因為聽見你們對基督耶穌的信心，並對眾聖徒有的愛
心。5 這都是因著那給你們存在天上的盼望，它就是你們從前所聽見真
理的道，就是福音；6 這福音傳到你們那裏，也傳到普天下，並且繼續
增長，不斷結果，正如自從你們聽見福音，真正知道上帝恩惠的日子
起，在你們中間也是這樣。7 這福音是你們從我們所親愛、一同作僕人
的以巴弗學到的。他為我們作了基督的忠心僕役，8 也把聖靈賜給你們
的愛告訴我們。9 因此，我們自從聽見的日子就不住地為你們禱告和祈
求，願你們滿有一切屬靈的智慧和悟性，真正知道上帝的旨意，10 好使
你們行事為人對得起主，凡事蒙他喜悅，在一切善事上結果子，對上
帝的認識更有長進。11 願你們從他榮耀的權能中，得以在一切事上力上
加力，好使你們凡事歡歡喜喜地忍耐寬容，12 又感謝父，使你們配與眾
聖徒在光明中分享基業。

這卷書引言的段落經文並不容易作分段。筆者選擇在12節將引言的經文結束，而不是更常見的14節，因為13節事實上已開始為15節起首的基督頌詞作出鋪排，而13至14節是轉接句子，為要將信息帶入基督頌詞。所以，引言在12節作結束是合理的。這引言可分為三大段：第一，保羅的問安語（1～2節）；第二，保羅為信徒的信心感恩禱告（3～8節）；第三，保羅鼓勵信徒要繼續信靠上帝（9～12節）。

2.1 保羅向教會問安（一1～2）

歌羅西書的問安部分只有兩節經文（1～2節）。這部分的內容十分簡單，只提及寫信人（1節）、受信人（2節上），並問安語（2節下）。

分段大綱（一1～2）

一、寫信人（一1）
二、受信人（一2上）
三、問安語（一2下）

2.1.1 寫信人（一1）

保羅指出自己就是歌羅西書的作者的同時，他亦提及提摩太。原因有二：首先，保羅要表明他當時是與提摩太在一起；另外，他要表除了歌羅西書，保羅提到與提摩太一同作寫信人的書信有：哥林多後書、腓立比書、帖撒羅尼迦前書、帖撒羅尼迦後書、腓利門書，而提到與其他同工作寫信人的還有哥林多前書。

明提摩太是這封書信的**代筆人**。因此，他其實是與提摩太一同問候歌羅西的信徒的。❶

須留意的是，保羅在提摩太的名字加上「弟兄」（同樣地，保羅也稱歌羅西的信徒為「弟兄」，參 2 節上）。他這樣的表達既有強調的作用，也有豐富的實用及神學涵義。「弟兄」表示大家來自同一個家，而這家的每個成員都是順服於同一個「頭」——基督，且大家都是盡心工作的。在這裏稱為「弟兄」的，雖然彼此沒有任何血緣關係，甚或互不相識，但是他們都因事奉同一位上帝，因有同一個信仰而聚在一起。至於「我們的弟兄提摩太」（*Timotheos ho adelphos*）這稱呼的原文是一個名詞短語，直譯為「提摩太弟兄」（「和修版」雖是譯多了「我們的」，但卻能將保羅的心意表達出來）。這稱呼將歌羅西的信徒、提摩太與保羅連繫在一起。雖然他們身處異地，但在基督裏仍緊靠在一起，大家都互稱為「弟兄」。

2.1.2 受信人（一 2 上）

問安部分中，保羅又稱歌羅西的信徒為「在基督裏忠心的弟兄」。

保羅以 pistois 來修飾 adelphois，所指的不只是信徒對基督的信心，也是指在基督裏忠心的弟兄。

「忠心」（*pistos*）也是這章經文的主題（參 4 節）。「忠心」這詞的基本意義亦可以包含「信心／忠誠」，❷ 而「忠心的弟兄」（***pistois*** *adelphois*）這名詞短語在原文並沒有加上定冠詞。保羅使用這種語法結構，暗示了這「忠心」帶有「信心／忠誠」的意思。因此，當保羅提到信徒的「忠心」，他同時是在表示他們對上帝有信心及忠誠的心。這精彩的引言帶出了這封書信的基調，也顯示了保羅迫切希望歌羅西的信徒要忠於他們的信仰。

2.1.3 問安語（一2下）

保羅這裏的問安語「願恩惠、平安……」，是他書信典型的問安語格式——先說「恩惠」，後說「平安」。❸ 不過，若與其他的保羅書信比較，保羅在問安語中都會提及這「恩惠、平安」是從父上帝及主耶穌基督那裏來的，惟獨歌羅西書沒有提到「主耶穌基督」。有學者試圖解釋箇中原因，只是筆者認為他們不但未能提出準確的解釋，反而產生了一些對基督身分的貶抑。❹ 筆者較傾向接受這是一個原因不明的「遺漏」，因為有時若勉強為這類問題尋找神學詮釋，反而有可能引來不必要的誤解。例如有人認為，這次「遺漏」與基督的身分有關；不過，在保羅所有書信中，歌羅西書最能說明基督的超越性及其崇高的地位，因此筆者認為這種推論難以成立。況且，保羅在他禱文的開首，已將「主耶穌基督」與「父上帝」並列（3節），因此即使在問安語裏沒出現「主耶穌基督」，也沒有與保羅寫問安語的一貫風格相違。

2.2 保羅為信徒感恩（一3～8）

在保羅書信中，除了哥林多後書、加拉太書、提摩太前書和提多書外，全都有感恩的話。

感恩的話是保羅書信中常見的內容（參羅一8；林前一4；弗一16；腓一3；西一3；帖前一2；帖後一3；提後一3；門4節），而且大都以禱文表達。在歌羅西書中，這感恩的禱文充滿著保羅與教會間親切的情感。他藉著禱文，一個主題接一個主題，將歌羅西教會的信仰狀況表達出來。他先以兩節經文簡述歌羅西教會對上帝的信心及對信徒的愛心（3～4節），然後詳述他們「信心」與「愛心」的來源就是福音（5～8節）。

分段大綱（一3～8）

一、信徒的信心與愛心（一3～4）
二、信心與愛心的源頭（一5～8）
　1. 信心與愛心源自盼望（一5上）
　2. 盼望源自福音（一5下～8）

2.2.1 信徒的信心與愛心（一3～4）

在3節的開首，保羅提及「我們」。這「我們」很可能是指保羅與提摩太，但亦有可能是指當時與保羅一起事奉的團隊。他們都同心為歌羅西教會信仰的狀況而感恩。

英文聖經 NET（New English Translation）與「和修版」有相同譯法，都把這分詞翻譯成“since we heard about …”（原文可直譯為「之前聽見……」）。

在4節，保羅提到「因為聽見……」，即他聽到歌羅西教會的信仰狀況。雖然「**因為聽見**」（*akousantes*）的原文只是一個過去不定時式分詞，沒有「因為」這連接詞，不過，這譯法十分貼近原文的意思。保羅感恩，是因為他「聽見」有關歌羅西教會的狀況。同一節又提到歌羅西的信徒的「信心」與「愛心」。保羅「聽見」，並且相信他們「對基督耶穌的信心，並對眾聖徒有的愛心」，這表明歌羅西的信徒「信心」與「愛心」的好行為，就連在牢獄中的保羅也聽聞了。

2.2.2 信心與愛心的源頭（一5～8）

歌羅西的信徒「信心」與「愛心」的好行為，不只在持守正確的教義上，也在其態度及行為上顯露出來。接著，保羅要帶出盼望與信心和愛心兩者的關係：「信心」與「愛心」來自盼望（5節上），而盼望的源頭來自福音（一5下～8）。

2.2.2.1 信心與愛心源自盼望（一 5 上）

5節「因著……盼望」（*dia tēn elpida*）是一個介詞短語（介詞＋名詞），這短語所用的介詞是 *dia*，而接著的是直接受格名詞。這樣的語法結構帶有被動的意涵。因此，歌羅西的信徒之所以有「信心」和「愛心」，是因他們受「盼望」所牽動。相反，假如沒有「盼望」，那忠心的事奉就變得毫無意義了。因此，縱觀而言，他們信仰的原動力來自「盼望」。按保羅的意思，這「盼望」甚至也不是源自信徒本身，而是從「天上」來的。

2.2.2.2 盼望源自福音（一 5 下～8）

保羅又指出信徒之所以得著「盼望」，是因為那「從前所聽見真理的道，就是福音」。在「真理的道，就是福音」（*en tō logo tēs alētheias tou euangeliou*；5節）這短語的原文裏，「真理」與「福音」都是以所有格名詞表達，而「道」則是一個介詞短語（*en* + *tō logo*）；因此，這短語可直譯為「真理的道〔或說話〕，這真理就是福音」，或更直接地說：「真理的內容就是福音」。這樣的翻譯表達了「真理」、「道」、「福音」的關係。如此看來，信徒的「盼望」源自「福音」，而這「福音」就是他們從前所聽過「真理的道〔或說話〕」（參提後二15）。

除了從希臘文語法看這短語，若再參考保羅其他的書信，便會發現保羅也會將「真理」、「道」、「福音」相提並論，例如以弗所書：「在基督裏你們聽見真理的道，就是那使你們得救的福音」（弗一13；另參加二5)。❺ 在希羅世界裏,「真理」普遍指某些哲學思想或言論,但保羅卻視基督的福音為「真理」。對保羅而言,「真理的道〔或說話〕」,就是「福音」,而這「真理」並不是一套空談或哲學理論,而是包含著上帝的主權和智慧的。保羅這種神學理念,在歌羅西書的基督頌詞中表露無遺。這「真理」(*alētheia*)的原文在歌羅西書中雖然只出現兩次(5~6節),但它延伸出來的意思,可涉及兩方面:

- 「真理」道出了這普世的救恩,而且「不斷結果」(6節)。這「果子」就是指「行事為人」的結果(10節);❻
- 「真理」叫人明白上帝的「恩惠的日子」(6節),因為它讓人看見「愛子」(15節)。

「結果」這分詞(karpophoroumenon)在歌羅西書只出現兩次,另一次是在10節。有關這分詞的意義,可參10節的分析。

在6節,保羅補充「福音」的一些事情。這「福音」不只傳到他們那裏,也傳至普天下去,「並且繼續增長,不斷**結果**」(6節)。最後,保羅提到「以巴弗」傳揚福音的見證(7~8節),這也是保羅最後一件感恩的事。儘管信心內在於人心,但總有其表徵。保羅指出他們之所以能夠接受福音,又聽明真理,皆因有以巴弗在他們中間作教導。保羅對以巴弗有以下的介紹(7節)。

一、「所親愛、一同作僕人」

保羅形容以巴弗是「所親愛、一同……」,表示以巴弗是他福音團隊中的一員,且是保羅珍視的同工。保羅又形容以巴弗為「一同作僕人」(*sundoulou*)。「一同作僕人」原文是一個複合詞,可直譯為「僕人伙伴」,意思是指一班服事同一個主人的僕人。這詞在新約聖經只出現十次,它可能是一個當時的普遍用詞。保羅用這詞形容他的同工,表示他的同工未歸信之前，可能各自有其不同的社會地位，但歸信之後，他們成了一羣同心事奉同一位上帝的「僕人」。可見他們已放下了自己，完全順服上帝的主權，自視為父上帝或基督的奴隸。❼ 人若能事奉這位創造主，實在是莫大的榮幸，但同時人也要謙卑自守，甘心降服在上帝跟前才可。

二、「基督的忠心僕役」

保羅稱以巴弗為「基督的忠心僕役」，表示以巴弗不只是僕人，更是一位忠心的僕人。「僕役」（*diakonos*）原文亦可以譯作「執事」。保羅曾稱自己及他福音的團隊成員為「基督的執事」（參林前三5，四1）。「執事」的職責是以「服事別人」為主，故此這詞也有「僕人」的意味。在新約聖經中，這詞經常譯作「僕役」或其他同義詞（太二十26，二十二13，二十三11；可九35；羅十三4等）。「忠心」一詞在這裏再次出現，反映了他的「忠心」成了信徒的榜樣。

我們再進一步分析保羅對以巴弗的這些描述。「一同作僕人」表示以巴弗是與保羅一起工作的人。然而，「一同作僕人」也顯示保羅與以巴弗同屬基督。保羅稱以巴弗為僕人，顯示以巴弗已將自己完全獻予耶穌基督的事工；而保羅與以巴弗的關係在於他們在基督裏有相同的承擔——將福音傳給外邦人，因此他們的關係都源於耶穌基督。

保羅以「一同作僕人」來介紹以巴弗，並指出歌羅西的信徒是從這位忠心的同工「學到」真理。以巴弗到他們那裏作教導，同時也成了他們的見證人，將他們所經歷「聖靈賜給」他們的愛告訴保羅。可見，歌羅西的信徒是藉著以巴弗的教導，學習成為門徒，又從他身上學習如何按照所領受的教導去生活。以巴弗的角色，正讓信徒看見他是有別於其他小亞細亞地區出現的假教師。

2.3 保羅為信徒禱告（一 9～12）

9至12節是保羅的禱文。「和修版」將這段經文分為兩個句子（9～10、11～12節），但若從希臘文的語法結構看，這段經文是一個完整的句子。這句子由「不住地」的「住」（*pauometha*；直譯為「我們停止」）這主要動詞所牽引，而「禱告和祈求」則補充了「不住地」這行動的內容。整段禱文有一個祈求（9～11節）和一個感謝（12節）。保羅「不住地」為歌羅西教會「禱告和祈求」，期盼他們能夠有所長進及堅固信仰。筆者將這禱文分為四小段作討論。

分段大綱（一 9～12）

一、保羅的祈求（一 9）
二、祈求的第一個目的：信徒有長進（一 10）
三、祈求的第二個目的：信徒得以剛強（一 11）
四、保羅為信徒感謝上帝（一 12）

2.3.1 保羅的祈求（一 9）

保羅開宗明義指出他「自從聽見的日子」（9節）。這短語十分重要，因為它道出了一個時間指標，表明當保羅聽到歌羅西教會的消息後，便立刻為他們祈禱，而且是「不住地」禱告。這亦反映了不常有人在保羅面前提到歌羅西的信徒的善行，然而，這教會的善行，其實是眾人皆知的。

保羅在此指出他為整間教會祈禱，目的為使教會「滿有一切屬靈的智慧和悟性」。「滿有」（*plērōthēte*）是一個複數被動式動詞，暗示「滿有」不是歌羅西教會自己使然，而是由他者使他們得到充滿；「滿有」以複數表達，表示那是教會整體得到充滿，而不是個別信徒領受到的。這「屬靈的智慧」來自聖靈，祂在歌羅西教會中間行事，透過整間教會活現出來。當提到「智慧」，往往令人聯想到普遍人所追尋的智慧，但保羅在這裏所指的，是從聖靈而來的「智慧」。保羅亦提到「悟性」，這是一種洞察力，能分辨哪些知識是從聖靈而來，哪些不是。得到這「屬靈的智慧和悟性」的人，應該知道如何在他們所處的現實中體會到「上帝的旨意」，也就是基督最高的主權。

2.3.2 祈求的第一個目的：信徒有長進（一10）

10節上的「行事為人」（*peripatēsai*）是一個過去不定時式不定詞，這不定詞的功用是要帶出一個行動——祈禱——的「目的」，表示保羅為歌羅西教會祈禱，為要使教會的信徒能夠在「行事為人」上，「對得起主，凡事蒙他喜悦，在一切善事上結果子，對上帝的認識更有長進」。「行事為人」的原文意思是「走路」，但亦帶有「生活方向」（參弗五15）的意思。保羅用「走路」這詞來比喻生活方向，暗示了生活是一個歷程，而這歷程是有方向的。「行事為人」這分詞是以複數表達，表明這動作是集體的。因此，保羅這番話是對著整間教會而言的（參9、10節出現「你們」這代名詞）。保羅所談及的是教會整體的生活方向，以行為來成全教會「與上帝有分」的身分。若教會同心合意地一同取悦上帝，信徒就能結出可見的果子，這果子是在「共同生活」（或指「**肢體生活**」，body life）中表

「肢體生活」是指將教會比喻為一整個身體，而在內的活動有如一個身體的活動。

現出來。❽ 這是「共同」，因為從保羅的觀點看，行善必須是羣體合作的事，反之，個人的力量並不足夠；而且，若果只集中在個人的行善，便容易引致自我表現及自義的心態。因此，保羅的意思是指每一個信徒不應只看自己有否結果子，也要幫助其他弟兄姊妹結果子，以致大家一同不斷的成長。

保羅又以「結果子」(10 節下)這種植物生長的常識來比喻「真理」對信徒的影響。❾ 耶穌教導眾人之時，無疑也曾用植物「結果子」作比喻(參太十三 23；可四 20、28；路八 15)。不過，保羅這種表達不一定是仿效耶穌的教導，因為以植物來比喻人世間的道德倫理，極可能是當時社會常見的做法(參「所羅門頌詞」〔*Odes of Solomon*〕4.17；「所羅門智訓」*Wisdom of Solomon* 10.7)。「**結果子**」(*karpophorontes*)是一個現在式分詞，顯示「真理」會不斷帶來一種結果，就是影響人的「行事為人」。對於這節經文的分析，筆者同意麥克唐納(Margaret Y. MacDonald)對這節經文的解釋，但不大同意她所說這是一種社會現象，因為她暗示了羣體能夠成長，是受社會文化所影響，也在羣體之間成為彼此磨合的力量。筆者卻認為信徒的成長，應該建基於聖經所教導的生活標準，而非遠古存留的文明/文化，可惜信徒道德觀一向被西方個人主義社會所忽略。❿ 因此，教會都必須傳講「真理」，因為那是「結果子」的源頭。保羅這「結果子」的比喻也表示果子的數量會因樹的成長，而漸漸增多。同樣，信徒的成長也該如此。

「結果子」的原文是一個現在式分詞(它的動詞是 karpophoreō；意思是「結出果子」)，它在這裏是將分詞當作副詞用，用來表達「目的」。

10 節下提及「對上帝的認識更有長進」。這短句告訴我們，「對上帝的認識」(*tē epignōsei tou theou*；原文可直譯為「上帝的知識」)愈多，信徒就愈能多「結果子」。我們很容易誤會「認識」(*tē epignōsei*)的意思，以為只是頭腦上的知識。保羅談及的「知識」，與舊約聖經多處提及的「智慧」很相近。舊約中的智慧，是十分講求實用的。頭腦上的知識的確很重要，但保羅將這知識與善行連上關係。這樣，「上帝的知識」需要加上善行才能建立。換言之，善行是擁有「上帝的知識」的標記。須留意的是，「結果子」是以主動分詞表達，表示了信徒個人要先有「行事為人」，才可以結出果子；「長進」（*auxanomenoi*）則以被動式現在分詞表達，當事人不是主動「長進」起來，而是有別的原因使他「長進」。究竟誰叫他們「長進」？「長進」的人極可能就是傳福音的人，他們在宣講福音的過程中，是可以「更多知道上帝」，上帝也因此使他們「長進」。這樣的「長進」明顯出自上帝，或更直接的說，是出自祂所賜予的恩典。恩典是保羅福音的精髓，對他來說，福音不只是一套理論，更是建立在上帝與人的關係上，並能具體地從恩典裏經歷到的東西。

2.3.3 祈求的第二個目的：信徒得以剛強（一11）

保羅作出祈求的另一個目的，是希望歌羅西教會得以剛強，在一切事上「力上加力」（*dunamei dunamoumenoi*）。「力上加力」的原文是由一個名詞「能力」（*dunamei*）及一個分詞「使之成為剛強」（*dunamoumenoi*）組成，意思是「使『能力』剛強起來」。NIV（*New International Version*）譯作 “being strengthened with all power”（意即「用所有能力使之剛強」）。須留意的是，「使之成為剛強」是一個現在式被動語氣複數分詞。現在式的表達，顯示它的功用是要帶出保羅祈禱的「目的」，就是期望他們「力上加力」，而且是持續如此，使不同的挑戰出現時，教會仍有能力面對。它是被動語氣，表示作這行動的人不是主動「使之成為剛強」。保羅又指出他們之所以能夠「力上加力」，是因為他們的能力源自於上帝「榮耀的權能」，亦因為這能力，他們凡事都以「歡歡喜喜」、「忍耐寬容」來面對挑戰。它亦是複數分詞，反映上帝藉著教會「肢體」的生活（Body life of the church）使能力被活現出來。這樣的陳述，顯示了在教會生活的不同歷程裏，當面對不同挑戰之時，教會便需要上帝在他們身上作工。但是，上帝的工作極可能以不同的方式，運行在個別信徒身上，目的是要教會以合一的態度，使其中的信徒一同成長，成為基督肢體的各部分，讓世人從教會看見基督。教會不只是依靠自己的能力（無論是人力或財力），最終也要仰望上帝堅固他們。保羅這種語態表達，表明了上帝是那位主動去堅固教會的上帝。縱然教會在知識和善行上常有增長，但假若只有知識而沒有上帝，根本不能成就這些事。

2.3.4 保羅為信徒感謝上帝（一 12）

談論完信徒得以剛強這議題後，保羅立刻再帶著喜樂説出感恩的話。當信徒面對當前的苦惱，固然需要即時的幫助，但與此同時，信徒更需要回想自己「配與眾聖徒在光明中分享基業」，因而存著喜樂而感謝上帝。這裏提及的「基業」（*klērou*），在歌羅西書只出現一次，它的原文是一個單數名詞，亦可直譯作「一塊地」，與以弗所書的「基業」（*klēronomia*）同義（參弗一 14、18，五 5；另參西三 24）。有趣的是，保羅提到這「基業」是從父而來的。在古時代的家庭，一家之主（通常是家中的父親或輩分最高的男人）擁有行使及分配家中基業的絕對權力。家中的每一個成員為了要賺取一份基業，便要作討主人歡心的善行，即使遇上無理的家主，那些成員也要盡力取悦他。相反，當父上帝擁有絕對權力，祂卻會分配同等的基業給所有聖徒，不論他們在世間有何社會地位，因為在基督裏，各人都會得到平等對待。保羅創新地借用當時家主與家中成員的關係作為比喻，帶出在基督裏的救恩是何等的豐富。

引言以歌羅西教會聖徒的身分（1節）和弟兄姊妹間的情誼（一2）開始，也以這兩者作為結束。上帝家裏的成員，就是所有信徒，也應以保羅所期盼的「家」的關係為生活的目標，為要得著從上帝而來那天上的「基業」。「家」的比喻對歌羅西的信徒十分重要，因為小亞細亞一帶地區一向都以羅馬為模仿和尊崇的對象，以便得到地上國度的好處。上帝為那些堅持活在耶穌主權下的人，創造一個更美好的國度。

信仰反省

從保羅的禱詞可見，歌羅西的信徒有高尚的生命素質，但保羅並未滿足於歌羅西信徒屬靈成長的情況。保羅為歌羅西的信徒的忠心作出三個層面上的禱告祈求：

第一，保羅為他們「對上帝的認識」祈禱（9節）。根據這節經文，人可以藉著屬靈的智慧去認識和明白上帝的旨意。人的智慧和悟性是聖靈所賜的，而人得著知識，也要從聖靈的感動而來。換言之，是聖靈使我們真正在心裏明白並知曉上帝的旨意。

第二，保羅期望他們「結果子」（10節上）。所結的「果子」包括普世層面及個人層面。「結果子」的意思就是以福音影響別人，包括世上不同的族羣（參6節）。至於個人層面，歌羅西的信徒必須在自己所居住的社區多行善事。保羅為他們在普世的層面上感謝上帝，但仍期望教會能在他們所住的社區有更豐盛和更美好的果子。⑪「行事為人對得起主，凡事蒙祂喜悅……」正是多結果子的表現。我們從9至10節句子的次序中可以看見知識放在善行之前，然後，因著善行而使知識更長進。這知識是教會整體所認同、確立的，而不是屬於個人、並帶來一己滿足的一種學問。這種整體的認知，是出於在教會當中運行的聖靈。這種認知，也代表從知識而產生的責任，並會結出善果。

第三，保羅在 10 節下進一步論及知識，指出這就像一個循環：有了知識便產生善行，善行又再加增知識。保羅期望看到的是信徒的知識與善行能夠同時增長，正如一個學識豐富的人，不應以為他所知的已經足夠，更不應以為要等到他掌握到所有知識後才能將之應用，而是不斷運用知識行善，以獲得更豐富的知識。這循環必須在教會中延續下去。教會對上帝的認識永遠不會嫌太多，問題在於能否知行合一。故此，擁有知識並不是問題，有知識而未能產生相應的生命果效，才是一大疙瘩。

雖然保羅這一封書信篇幅不是很長，但涵義卻很深遠，其中包括闡釋門徒訓練的意義。歌羅西教會之所以認識以巴弗，是因為以巴弗牧養他們之時，與他們建立了牧者與受牧養者的親密關係。而以巴弗之能夠獨力發展歌羅西教會的事工，是從保羅那裏努力學習回來的。再者，以巴弗牧養信徒，不像今日某些教會的牧養方式，只藉著社交媒體來接觸會友。以巴弗是代表著保羅及他的事奉團隊，與教會分享生命。透過與以巴弗在生命上的接觸，歌羅西教會能夠明白以巴弗所教導的內容。

從稱呼以巴弗為「基督的忠心僕役」，反映出「忠心」這種品德，是先由保羅傳授給以巴弗，再傳給歌羅西教會。不論是對個人還是對教會整體而言，「忠心」是理所當然的事。「忠心」包括狹義和廣義的層面，也包括本地和普世的層面。假如教會只關心自身的事情，她只是對真理一知半解。對保羅而言，知識雖然重要，但作主門徒的操練是超越學術的，因為它更是一種生活態度。教導真理的人，必須表現出這種堅持，方能影響信徒的生命。保羅所訴諸的，便是以巴弗這種忠心的教導及生命的表現，這正就是保羅鼓勵歌羅西教會所要行的。

另一個當下可以應用的原則是「結果子」。保羅以現在式分詞來表達「結果子」，以此指涉一種與福音相稱的生活方式。因此，它包含著「因著善行及良好品格的表現而帶來強而有力的見證」的意思（參加五 22～26）。另外，保羅提到以巴弗曾將歌羅西教會愛心實踐的狀況告訴他，表示「結果子」的生活也可以透過弟兄姊妹彼此相愛的行為展現出來，繼而影響整個世界。這是教會生活的「果子」。保羅期望教會有目標、方向和計劃，去完成上帝交付她的使命。「結果子」這現在式分詞，同時表達了一個持續不斷的行為，表示接受了福音的信徒是要將福音傳開，持續踐行教會的宣教使命。這就是教會的生活方向及目標。如此，教會所推行的事工，應堅持這簡單的使命。教會若沒有目標和方向，便很容易遠離上帝所賦予她的召命。須留意的是，保羅所指「你們對基督耶穌的信心」（*tēn pistin humōn en Christō Iēsou*）中的「信心」並不是指信徒對基督有信心。若參考5節，它原文的意思並不是指今日某些人所說「對耶穌有信心」，而是指信徒起初所領受有關耶穌的「信仰」這方面的知識。這些知識是會增長的，可以到「滿有」的地步（9節）。當以巴弗不斷致力將保羅所傳的福音向歌羅西教會宣講，以巴弗也會在這方面的知識上不斷長進。若沒有這方面的知識，教會是不可能結出果子的。換言之，知識是「結果子」的管道。如果人要在善行上結果子的話，那麼知識就是一切善行的基礎。我們能明白這些知識，是因為聖靈在我們心裏作工，而不單是頭腦上的認知。須留意的是，保羅提到「智慧」，這是關乎「聖靈」的（9節）。保羅在這裏談及的，絕不是今日教會所慣常想像出來的「屬『靈』」，必定不是！他談及的是由聖靈所授予的那種「智慧」。當要解釋「聖靈」在經文內的意思時，讀者須留意與之相關的經文。這裏的「屬靈」並不是指一個接受靈恩的信徒所聲稱他看見從聖靈所領受的個別異象，也不是用來描述一個敬虔的信徒。保羅在這裏其實是指到聖靈與教會的同在，就是當教會與聖靈同工時，會眾要怎樣傳達福音及其救恩的信息。聖靈原本的工作，就是授予信徒「智慧」，讓他們彼此成長，這是毋庸置疑的。保羅對歌羅西教會的提醒，也是對我們今日的提醒。這些「智慧」成為我們生活隨時的幫助。

不過，倘若信徒只把知識等同更高的學歷或訓練的話，就大錯特錯了。學位或訓練本身沒有不妥，但保羅談及的「知識」，是講求實用的。有些人讀了許多書，有許多學位，卻在象牙塔中，完全不懂得實踐。相反，有些信徒則走向另一極端，認為知識並不屬靈，這看法也是錯誤的。保羅談及善行時，它跟知識是相輔相成的，即知行合一。沒有知識的善行，很容易造成不必要的麻煩。因此真正屬靈的教會，該曉得在知識和善行之間取得平衡。任何認識基督的人，也要把所知的應用於現實生活中。

綜合保羅這段引言，可反映出他心目中理想的「信徒成長歷程」的典範是怎樣的。

釋經短註

❶ 有關保羅代筆人的討論，可參 Jerome Murphy-O'Conner, *Paul the Letter-Writer: His World, His Options, His Skills* (Collegeville, MN: Liturgical Press, 1995), 16。另參曾思瀚：《僕人領袖的教導與領導——提多書、提摩太前書析讀》（香港：基道出版社，2013），頁 8～11。

❷ 有關保羅對「信心/忠誠」（*pistos*）這詞的用法，可參曾思瀚：《僕人領袖的教導與領導》，頁 47～49。

❸ 有關保羅問安語中「恩惠」、「平安」的意義，可參曾思瀚：《僕人領袖的教導與領導》，頁 78～79。

❹ 有關保羅的問安語中缺少提及「主耶穌基督」的討論，可參 Peter T. O'Brien, *Colossians, Philemon*, WBC vol. 44 (Dallas, TX: Word, Incorporated, 1998), 6。

❺ 在舊約的「七十士譯本」裏，「真理」往往與「立約的信實」有不可分割的關係（參創二十四 27、48）。在創世記二十四章 27 節，「和修版」譯作「信實」，在 48 節譯作「合適」。

❻ 鮑會園指出保羅關注信徒在普世和本地層面上都要「結果子」，極具洞見。參鮑會園：《歌羅西書》（香港：天道書樓，1980），頁 33。

❼ 在保羅時代的社會裏，由一個僕人身分晉升到貴族，需要很努力及付上極大的代價。麥克唐納（Margaret Y. MacDonald）認為這暗喻以巴弗在事奉上也付出很大的代價，才被保羅認定為服事基督的人，參 Margaret Y. MacDonald, *Colossians and Ephesians,* Sacra Pagina Series (Collegeville, MN: Liturgical Press, 2008), 39。筆者認為這樣理解希羅背景是過分推測。希羅背景雖有其重要性，但不能忽略的是，以舊約的觀點看，作為上帝僕人是極大的榮耀。參 Sam Tsang, *From Slaves to Sons: A New Rhetoric Analysis on Paul's Slave Metaphors in his Letter to the Galatians* (New York: Peter Lang, 2005), 69～72。

❽ 我們須注意「身體」這意念和用詞，在這短短的信函中出現了多次，甚至比其他保羅書信中出現的次數加起來還多。參 James D. G. Dunn, "The 'Body' in Colossians" in *To Tell the Mystery: Essays on New Testament Eschatology in Honor of Robert H. Gundry*, ed. Robert H. Gundry, Thomas E. Schmidt, Moisés Silva (Sheffield: Sheffield Academic Press, 1994), 163。

❾ T. K. Abbott, *Ephesians, Colossians*, ICC (Edinburgh: T & T Clark, 1991), 198.

❿ 有關麥克唐納對生命結果的看法，可參 Margaret Y. MacDonald, *Colossians, Ephesians*, 94。她的資料大都出於 John J. Pilch, Bruce J. Malina eds., *Biblical Social Values and Their Meaning: A Handbook* (Peabody: Hendrickson, 1993)。

⓫ 沃爾什（Brian J. Walsh）與姬絲瑪慈（Sylvia C. Keesmaat）刻意將 10 節「結果子」看為「豐盛果子」，將「豐盛果子」比喻羅馬帝國。筆者卻認為將它與小亞細亞的宗教作比較更為適當，它就好像亞底米像展視女神的胸脯，象徵果實纍纍的意思。參 Brian J. Walsh and Sylvia C. Keesmaat, *Colossians Remixed* (Downers Grove, IL: IVP, 2004), 72。

溫習及思考問題

1. 保羅在信首如何介紹寫信人及受信人？保羅聽到有關教會哪方面的消息，因而為他們感謝上帝？
2. 保羅向教會所作的問安，怎樣安慰及鼓勵信徒？這對你個人有何提醒？
3. 保羅所描述教會的信心與愛心，是源自哪裏？這與信徒所信的福音及盼望有何關連？
4. 保羅如何描述以巴弗與他的關係？這樣的描述如何讓我們更深入明白我們與其他同工的關係？
5. 保羅所指的「對上帝的認識」是甚麼意思？這與「善事上結果子」有何關係？這兩方面事情如何形成一個屬靈生命成長的循環？
6. 你如何將保羅所談及屬靈生命成長的循環，應用在你個人或你與教會羣體的關係裏？

第三章

基督普世的事工（一13～23）

- 引言
- 基督頌詞
- 保羅的勸勉

經文

1 [13]祂救了我們脫離黑暗的權勢，遷移到祂愛子的國度裏。[14]藉著祂
的愛子，我們得蒙救贖，罪得赦免。[15]愛子是那看不見的上帝之
像，是首生的，在一切被造的以先。[16]因為萬有都是在他裏面造的，無
論是天上的、地上的，能看見的、不能看見的，或是有權位的、統治
的，或是執政的、掌權的，一概都是藉著他為著他造的。[17]他在萬有
之先；萬有也靠他而存在。[18]他是身體〔教會〕的頭；他是元始，是從
死人中復活的首生者，好讓他在萬有中居首位。[19]因為上帝喜歡使一
切的豐盛在他裏面居住，[20]藉著他，上帝使萬有與自己和好，無論是地
上的、天上的，都藉著他在十字架上所流的血促成了和平。[21]從前你
們與上帝隔絕，心思上與祂為敵，行為邪惡；[22]但如今，祂藉著祂兒子
肉身的死，已經使你們與他自己和好了，把你們獻在他的面前，成為
聖潔，沒有瑕疵，無可指責。[23]只要你們持守信仰，根基穩固，堅定不
移，不致動搖，離開了你們從前所聽見的福音的盼望；這福音也是傳
給天下一切被造之物的，我—保羅作了這福音的僕役。

這段經文的內容與基督頌詞有關，可以分三個部分作分析：第一部分是頌詞的引言（13～14節），第二部分是頌詞的內容（15～20節），第三部分是保羅對教會的鼓勵（21～23節）。透過這篇頌詞，保羅帶出了基督普世事工的本質為何。

一直以來，大部分學者也相信歌羅西書包含一篇「基督頌詞」，不過也有學者對此頌詞有不同意見。有學者指出這篇頌詞明顯跟保羅慣常的寫作風格並不相近，以致不少釋經學者甚至質疑歌羅西書是否由保羅所寫。琳幸（Andrew T. Lincoln）就斷言，保羅並非歌羅西書的原作者，他不過是給此書卷補充一些內容及作出編修罷了。❶ 另有學者認為沒有足夠證據支持歌羅西書內含有詩歌體的元素，況且也很難為歌羅西書中的「讚美詩」下定義。❷ 筆者認為「基督頌詞」是有其頌詞的格式（參1.1.1.2「帶有頌詞的格式」，頁5）。即使歌羅西書沒有詩歌的元素，但從口述傳遞的角度看（有關口述傳遞的討論，可參1.1.1「歌羅西書的口述傳遞特色」，頁4），「基督頌詞」必然包含易於朗讀的元素。有學者亦指出一個值得注意的議題，就是這篇頌詞的用語和神學思想雖有別於所謂的「保羅風格」，但其內容卻出奇地接近約翰壹書。現就這方面列出以下兩點詳加說明：

- 保羅的神學表達不常將焦點放在基督的「先存性」（pre-incarnate）上，但這概念卻是這篇頌詞的核心內容，並且也見於約翰壹書（參**約壹一2**）。由於約翰壹書的思想跟約翰福音的十分相似，因此筆者估計，約翰壹書有關基督先存性的內容，極可能是來自約翰福音的第一章。

「……把原與父同在，並且向我們顯現過的那永遠的生命傳揚給你們。」（約壹一2）

- 這篇頌詞（13～20節）陳述基督先存性的方式，跟約翰壹書一章十分相似（這章經文也與約翰福音一章1至14節相近），其中約翰壹書二章12至13節所論述的基督論，也跟歌羅西書的基督頌詞及約翰福音相當一致。

即使歌羅西書與約翰壹書的思想相近，也未能表示歌羅西書的作者不是保羅。有學者認為當約翰寫約翰福音第一章時，小亞細亞一帶地方的教會很可能受著某種奇怪的基督論衝擊著。由於約翰和保羅均來自小亞細亞的神學傳統，所以保羅的書信滲入了約翰的思想也不足為奇。

保羅寫這篇頌詞（15～20 節）的目的，很可能是希望藉此作為典範，鼓勵信徒合宜地敬拜上帝；與此同時，他也為三章 16 節所討論的敬拜議題鋪路。這頌詞也驅使歌羅西的信徒，回想保羅在引言中的問安句裏提到他們的「身分」，使他們明白自己已經與最高統治者耶穌有關連。

3.1 引言（一 13～14）

13 至 14 節是基督頌詞的重要引言。雖然大部分的學者都認為這兩節經文大致上屬於接著的頌詞內容的一部分，但這重要的引言所探討的，其實是信徒生活與頌詞本身內容的關係，因此筆者認為用一些篇幅獨立分析這兩節經文是有需要的。筆者將會透過列出這兩節經文中出現的詞彙，來探討保羅在這引言裏想要表達甚麼。

分段大綱(一13～14)

一、「救」(一13上)
二、「黑暗的權勢」與「愛子的國度」(一13下)
三、「救贖」(一14)

3.1.1「救」(一13上)

13節是以一個關係代名詞 *hos* 作開始。這關係代名詞是以第三身陽性單數表達，是指涉那位「施行拯救的人」，某些英文譯本如NIV(*New International Version*)將這詞譯為"for"是不正確的。「救」(*errusato*；它的詞位〔lexeme〕是 *hrusomai*)的原文有「**解放/解救**」的意思，與新約書卷作者慣常使用的「**拯救**」(*sōzō*)不同。*hrusomai* 於希臘文版本舊約聖經「七十士譯本」出現共193次。另外，14節出現 *apolutrōsin* 這名詞，鮑維均相信與這名詞同一字根的動詞 *lutroō* 在出埃及的敘事傳統裏，是用來描述上帝對祂子民的救贖，而其中是有解救的意思。❸ 基於保羅在這兩節經文同時使用 *errusato* 與「救贖」(*tēn* ***apolutrōsin***；14節)，鮑維均相信保羅在這裏是有意將這救贖的觀念與舊約出埃及的敘事(Exodus narrative)連繫上，因為這兩個詞也曾出現於出埃及記六章6節「我是耶和華；我要除去埃及人加給你們的勞役，救〔*hrusomai*〕你們脫離他們的奴役。我要用伸出來的膀臂，藉嚴厲的懲罰救贖〔*lutrōsomai*〕你們。」(參「七十士譯本」)這出埃及的敘事傳統一直延伸至先知時代，鮑博士也列出何西

「解放/解救」在新約聖經共出現17次，「拯救」(sōzō)在新約書卷共出現106次。

apolutrōsin 是由介詞 apo＋名詞 lutrosin 組成。

阿書為證：「我必救贖〔*hrusomai*〕他們脫離陰間，救贖〔*lutrōsomai*〕他們脫離死亡。」（何十三 14「七十士譯本」）❹ 筆者認同鮑維均的看法。這傳統或許早已根深柢固地植根於當代的信仰羣體中間，以致當保羅傳講福音時，已不需要為他所用的詞彙多作解釋。無論是有意或無意地將內容訴諸舊約傳統，保羅肯定地以羣體的向度來看救恩。他將跟隨基督的人看為是彌賽亞社羣裏的一個「羣組」。如此看來，保羅所關注的，並不是「一個人」如何得救贖，而是要透過使用舊約時代的詞彙，來帶出初期教會的彌賽亞社羣是與舊約時代的以色列羣體有關連，而初期教會的這些羣體所活出從信仰而來的動力，是有別於當時的異教徒羣體，甚至在某些行為上也與猶太教信徒普遍的生活模式也不相同。

3.1.2「黑暗的權勢」與「愛子的國度」（一 13 下）

保羅將脫離罪描述為「脫離黑暗的權勢」（13 節），這種表達帶有政治意味。保羅將當時羅馬帝國比喻為「黑暗的權勢」，將上帝的國度比喻為「愛子的國度」。保羅指出信仰羣體是從「黑暗的權勢」遷移到「愛子的國度」裏。這「國度」就是「光明中……基業」（參 12 節），這好比將「光明」與「黑暗」作比較。在保羅的時代，「國度」這類語言表達，普遍上是用來指涉帝國的。在那時代，人民只承認羅馬為惟一的國度。在這種情況下，保羅是不應該宣稱信徒是耶穌國度的人民，彷彿耶穌就是地上其中一位君王。凱撒當然就是羅馬的君王，然而保羅很清楚地指出耶穌卻是真正的掌權者；當羅馬帝國的人歸信耶穌，他們便成為彌賽亞社羣的成員，即上帝國度裏的子民。保羅宣揚信徒的身分是由地上的公民轉為天國的子民，是從黑暗羣體裏的成員轉為光明國度中的一分子，這樣的信息確實是顛覆性的。必須留意的是，如果「愛子的國度」的掌權者是上帝，那麼，誰是黑暗國度的掌權者？如果將羅馬帝國的管治及其價值體系看為是統管黑暗國度權勢的代表，這是再適切不過的。若是這樣，保羅豈不是蓄意貶低羅馬的治權嗎？這未免過早下結論了；不過，對於那些從政治角度閱讀保羅著作的人而言，保羅所使用的言詞卻甚有弦外之音。

3.1.3「救贖」（一 14）

保羅在 14 節提及「藉著祂的愛子，我們得蒙救贖」。這「我們」可以指保羅、跟隨耶穌的猶太人、歌羅西教會的信眾。須要留意的是，讀者不應過分地運用**「救恩論」的詞彙**，來解讀保羅在此所使用的「救贖」（*tēn apolutrōsin*）這詞。或許某程度上，「救贖」蘊含著「交換／交易」的意思，但這段經文似乎沒有明顯地表達上帝與魔鬼之間有進行交易；而且這個帶有交易含意的詞彙在這裏也是意思含糊的。因此，讀者也不必過於堅持去尋找這詞在這裏的確實意義，或其背後所相關的神學觀念，更不應沿此方向為這詞賦予一個過於精確的解釋。若參考上下文，保羅運用這詞的時候，極其量只是用來指涉從一個領域（黑暗國度）轉而踏進另一個領域（耶穌的光明國度）的意思。

所謂「救恩論」的詞彙，是將「救贖」這動詞解作「將人從魔鬼的權勢下奪回來」的意思。

當聖經不同書卷討論「救贖」之時，總離不開提及「付上重大代價」這議題，這代價往往就是所獻上的祭牲（如今這祭牲就是耶穌）。「藉著祂的愛子」（*en hō*；原文直譯為「在他裏面」，這位「他」就是基督）這短句標誌著救贖這整件事是如何成就的。若沒有耶穌，救贖是不可能出現。基督頌詞所談論的，是有關耶穌是誰，以及他如何同時擔當著造物主和救贖者這兩個身分，並且也說明他是如何影響著這信仰羣體、甚而整個宇宙的命運。如此，這引言至終的功能就是要展示出「我們」事實上是連結於上帝為整個宇宙所安排救贖工作的更大目的。教會必須將上帝所計劃更大的事情彰顯出來。須重視的是，當保羅說「我們得蒙救贖，罪得赦免」（14 節）中的「我們得蒙」（*echomen*；直譯為「我們有」）是以現在式表達，表示基督在歷史中雖然只作了一次完成這救贖工作，但整個彌賽亞羣體卻世世代代不斷享受救恩的好處。這顯示出耶穌一次過獻上的效用，而信徒羣體藉著他們的信仰將耶穌的救贖體現出來。

3.2 基督頌詞（一 15～20）

若要正確地理解保羅所寫的基督頌詞，必須從早已植根在受信人腦海的基督頌詞去理解。保羅直接說出這頌詞，而沒有太多著墨在闡釋頌詞中的基督論及其背後豐富的神學思想，這足已證明歌羅西的信徒是明白頌詞的內容的，也反映了這頌詞很可能已成為初代教會信仰傳統的一部分，所以保羅不需要作太多解釋。湯普森（Marianne Meye Thompson）指出保羅在歌羅西書裏除了提及這基督頌詞，亦有勸勉信徒「用詩篇、讚美詩、靈歌，彼此教導，互相勸戒，以感恩的心歌頌上帝」（三 16）。由此可見，這基督頌詞是早期信徒朗誦的詩詞。❺ 反之，我們要關注的是保羅如何運用基督頌詞來教導受信人在基督裏不斷成長。這頌詞是歌羅西書極其重要的部分，因為經文鼓勵受信人要遵照頌詞的教導而行，而整卷書其餘部分都是就著頌詞中基督的身分而有的回應。這頌詞也是解讀歌羅西書其餘各段的骨幹。它由兩組扇形結構經文組成（15～18、19～20 節），❻ 現列出這兩組經文如下：

A　　基督在萬有之上（15～16節）

　B　　基督是在創造之先（17節）

　B'　　基督是在「新造」的教會之上（18節上）

A'　　基督居首位（18節下）

A　　基督的豐盛（19節）

　B　　基督是中保（20節上）

　B'　　基督是中保（20節中）

A'　　基督的豐盛（20節下）

分段大綱（一15～20）

一、基督的超越性（一15～18）

　1. 從創造的角度解釋基督的超越性（一15～16）

　2. 從萬有與基督的關係解釋基督的超越性（一17～18）

二、基督的豐盛（一19～20）

3.2.1 基督的超越性（一15～18）

在基督頌詞裏第一個提及的主題，是有關基督的超越性。他是在萬有之上，這可以從15至18節描述基督的位格和統治可見。保羅先從「創造」的角度（15～16節），然後再從基督與「萬有」的關係說明基督的超越性（17～18節）。

3.2.1.1 從創造的角度解釋基督的超越性（一 15～16）

「創造」在這兩節經文中共出現三次：在 15 節以名詞（*ktiseōs*；可譯作「受造物」）的形式出現一次；在 16 節以動詞（*ektistai*；可譯作「受造」）的形式出現兩次，因此「創造」這主題在這段經文中呼之欲出。「創造」這觀念重複的出現，並將之與基督連繫起來（保羅形容基督是「在一切被造的以先」；15 節），表示了基督的工作，不僅是為了影響教會，也為影響整個世界。基督先存於「創造」這種文句的表達，可稱為「**前創造修辭**」（precreation rhetoric）的表達。學者一直都相信前創造修辭這種文體（genre）早已在猶太羣體裏出現，並且甚為普遍（例如：智慧先存於創造），這反映了他們的社會文化中已存在這種思想。使用這修辭表達的目的，是為要將神聖創造的主題與救贖主題扣在一起，而篤信基督的信徒羣體將這概念應用在基督身上。❼

「前創造修辭」原先是一種說話（或修辭）模式，用來描述上帝在「起初」之前的先存性及祂的活動。

15 節稱基督為那「看不見的上帝之**像**」。這短句所帶出的神學思想與約翰壹書十分接近（參約壹一章），但也與創世記一章 26 節「我們要照著我們的形像，按著我們的樣式造人」相似。因此，筆者認為保羅有意將耶穌與亞當作比較，或更清晰的說，保羅是借用與亞當有關的言詞來描述耶穌。保羅這樣的表達，也符合保羅在羅馬書五章 12 至 21 節闡述基督論時所用的亞當基督論（Adam Christology）的觀點。羅馬書的亞當基督論是將耶穌描述為第二個亞當。在歌羅西書中，保羅所描述的耶穌與亞當十分相似，這在於他們倆都是那不可見的上帝的第一個形象，而他們也要管理一切的受造物。保羅將亞當與耶穌作比較，很可能是他假設了這是歌羅西教會的一個基督論傳統，而保羅這樣的表達，是為了提升耶穌的地位。

歌羅西書的「像」(eikōn)與「七十士譯本」創世記一章 26 節的「形像」(eikona)是同一個詞。

保羅稱基督為「首生」的。「首生」(*prōtotokos*)這形容詞亦可翻譯成「首先的」，筆者認為這翻譯更為可取，這樣的表達意味著耶穌絕對就是在萬有之上的那位，他是造物主，而不是受造物。相反，「首生」這譯法卻意味著耶穌是被創造的一部分，這跟此書信其餘部分有關耶穌是主的立論自相矛盾。❽ 湯普森認為「首生」很可能是回應著17節的「萬有之先」。他亦強調這「首生」可以是指一種「特殊的地位」，這地位驅使一個人可以享有首生兒子的一切權利及好處。❾ 鮑維均博士在他的釋經書裏引用**詩篇八十九篇27節**指出大衛亦有類似的身分，即使大衛在家中排行最後。❿「首生」涉及創造，近代學者當探討創造這主題時，大都放置在智慧的議題中作討論。許多學者指出那些受到希臘文化影響的猶太教信徒也喜歡探討智慧，例如斐羅(Philo)。斯特林(Gregory E. Sterling)認為斐羅見證了猶太教對智慧這主題的重視，而在「亞歷山太猶太教派」中間，亦有不少成員熱衷於討論這話題。⓫ 雖然筆者不能肯定「創造」這主題的討論是否源於「亞歷山太猶太教派」，但可以肯定的是，將創造與智慧連繫起來的做法，卻源自箴言第八章和創世記第一至二章，而這些討論一直在散居的猶太人中廣泛流傳。箴言八章22節出現了首生這觀念，並且將之與智慧連上關係。斐羅的著作浮現著箴言八章傳統中的智慧。他以「道」(*logos*)而不是以「智慧」(*sophia*)來描述那位在創世之前的先存者。⓬ 這種與創造有關的高超的智慧是來自上帝的。筆者並不認為保羅是借用斐羅的說法，他只是講出當時在猶太信徒當中流行的說法，藉此提高基督的地位。耶穌既是神，亦是人格化了的智慧。如此，在保羅的時代，人格化之後的智慧具有上帝的能力和屬性。寫這首頌詞的原作者很可能受了希臘猶太教的影響，所以他的表達十分希羅化，他將希羅文化思想滲入詩詞裏，使之變成基

詩篇八十九篇27節：「我也要立他為長子，為世上最高的君王。」

督教教義，這可以從頌詞所描寫有關耶穌基督的神性反映出來。保羅借用了猶太基督教普遍用的頌詞，去駁斥一些與猶太教教義有關的爭論。

16節是以「因為」(*hoti*)這連接詞作開始，指出了耶穌之所以被稱為「首生」的原因，是在於他有分參與「創造」，而不在於他是「首位出生的」。另外，這節經文亦出現兩次與「創造」有關的動詞，兩者的主語都是「萬有/一概」(*ta panta*)。這兩個動詞都是以被動直說式表達，只是時式不同，前者是過去不定時式(*ektisthē*)，後者是完成式(*ektistai*)。前者說明了一個事實，就是「萬有都是被造的」，而後者則說明「萬有的被造」雖已發生，但創造的行動至今仍存在著，甚而延至將來。單從這動詞是看不出經文意思的，但再從經文中出現的三個介詞短語：「在他裏面」(*en autō*)、「藉著他」(*dia autou*)、「為著他」(*eis auton*)，便明白保羅在這節經文所要表達的信息。他要透過「創造」這事實，從兩個角度說明基督的超越性。首先，「在他裏面」這介詞短語講明了「萬物受造必須發生在基督裏面」的事實，而這短語除了表示基督是「創造」這行動的條件(若沒有他，「創造」也不能成事)外，也表明了基督早於「創造」之前已經存在。保羅在經文的結尾又說「一概都是藉著他為著他造的」。按鮑維均的看法，「藉著他」是指基督就是這創造的中保，上帝是要藉著基督來完成創造工作，而上帝也因此透過此創造來顯出祂的智慧。「為著他」顯示了基督就是上帝創造的目的。⑬ 上帝是為了基督而作了創造的行動。既然整個創造是為要榮耀基督，因此基督就被視為宇宙的掌權者。若從終末論的含義去看，創造這行動得以完全是因為基督的復和工作。「耶穌為何要來到世上？他為何要受死？」這是信徒經常發出的提問。從神學角度看，其標準(而且準確)的答案就是「為我的罪。」然而，保羅在此所描述的已超越救恩論的框架，進而談及創造這議題。耶穌若沒有將上帝與人的關係復和，若沒有修補早已受破壞的宇宙，人就不能看見耶穌那榮耀的身分，而創造也失去了其目的。

保羅亦提到「天上的、地上的，能看見的、不能看見的，或是有權位的、統治的，或是執政的、掌權的」（16節）。這進一步解釋保羅所認為的「萬有」是甚麼意思。保羅在腓立比書曾經也有如此的表達：「使一切在天上的、地上的和地底下的，因耶穌的名，眾膝都要跪下」（腓二10），只是沒歌羅西書般有那麼多的對比。這裏有四組互相對比的詞，保羅在此運用了文字遊戲的修辭技巧，有助聽者易於將內容記在心中。這正配合保羅的書信之口述傳遞作用（參1.1.1.1「運用文字遊戲」，頁4）。這裏有四組互相對比的詞彙，這四組詞彙似乎將四種不同地位的人物作對比。第一、二組對比是關乎創造的，第三、四組是關乎權力架構的。第一及第二組的對比是彼此處於對立位置的，第三及第四組則是意義相近的。

一、「天上的、地上的」

雖然保羅沒有標明「天上的、地上的」所指的是甚麼，這兩個詞很自然地讓人從宇宙論的角度聯想到宇宙中兩個層面的現實。有釋經家認為這兩個詞是指具體的天與地，以及其中所包括的一切。筆者則認為保羅是借用這兩極對立的位置，來指涉整個宇宙的秩序，而不只是「上」與「下」的方位。保羅所要帶出的核心思想，就是受造的整個宇宙及其內的一切受造物，都是為耶穌而創造的。

二、「能看見的、不能看見的」

第二組詞講及的是一種真實經歷的狀態。保羅假設了無論是肉眼可見的人或不可見的活物(例如靈界活物),都是信徒在現實中總會接觸到的事物。「不能看見的」很可能是指肉眼看不見的天使或靈界活物。保羅大膽地引用他過去曾經信奉的猶太教信仰傳統中的天使或靈界活物,作為討論例證。事實上,在接著的第三及第四組的詞彙是進一步闡述這一組的詞。接續著基督頌詞的討論,保羅指出基督是超越於可見的、不可見的一切。保羅這樣的表達,為要提醒他的讀者作好準備去面對小亞細亞出現的宗教掙扎(**二 18**)。鮑維均同樣引用二章 18 節來解釋這一對詞彙,認為保羅在這裏是駁斥小亞細亞的一批人,他們曾宣稱自己看見天使,並且領受特別啟示。⓮ 基督頌詞透過説明滿有能力的耶穌如何超越小亞細亞一帶地區的其他神明,來展示基督的權柄。

「不要讓人藉著故作謙虛和敬拜天使奪去你們的獎賞。這等人拘泥在所見過的幻象,隨著自己的慾望無故地自高自大。」(二 18)

須留意的是,這頌詞的內容並不能看為是基督教與異教的一場辯論。遠非如此,保羅最大目的是要將猶太教一直以來所普遍相信的焦點放在基督身上。保羅對當地的宗教批判,在於這些宗教能否正確地符合教會所一直維護的信仰內容(這些信仰內容早在保羅之前已經存在),猶如猶太教的人對不同異教的批判般。

三、「有權位的、統治的」

這組詞彙的重點是在權柄這主題上。「權位」(*thronoi*)的原文是指「寶座」,是顯示能力與極大權柄之位置的一個詞。「統治的」(*kuriotētes*)原文帶著擁有威嚴的意思。在保羅的時代,寶座是權柄與審判的所在,而當時擁有最大權柄的人,當然便是凱撒了。凡有主人身分的人都擁有「威嚴」,凱撒同樣地也擁有至高的威嚴。筆者不肯定這組詞能否連繫至天使這靈界的層面上作討論,但至少它反映了當時羅馬帝國的政治結構。

四、「執政的、掌權的」

這組詞看似是重複了上一組詞的內容，其實它很可能是指涉更多或另一些事情。如果上一組詞彙所指涉的是關於人的權柄，這一組詞彙所討論的很可能是多於人的權柄。「執政的、掌權的」（*archa … exousiai*）這樣的組合在歌羅西書共出現三次（另外兩次：二10、15）。若參考另兩節經文，這組詞彙似乎是用以描述靈界的活物。⑮ 如果上一組詞的焦點是在人的權柄上，這一組詞則與靈界的權柄有關。保羅這樣的表達，為要讓讀者知道，無論是屬物質的或屬靈的，基督都能超越。

在保羅的觀念中，「萬有」除了包含物質世界，也有靈界的世界：「天上的」、「不能看見的」。在保羅當時的人的觀念裏，相信地上統治者的背後都有超自然勢力存在，這勢力來自神明、天使或鬼魔。我們可以從**但以理書十章13節**看到這種超自然的世界觀。此外，近東其他的碑文也指出每位君王均臣服於神明之下。阿諾德（Clinton E. Arnold）在他的著作中也提及小亞細亞是迷信鬼神和流行邪術的地方。⑯ 那裏的人會招來鬼魔，並受制於它們，即使是一個銀行業發達的城市，像是極度追求物質的老底嘉同樣是那麼迷信。在這環境中生活，保羅肯定也有同樣的想法，認為權勢的背後是有超自然勢力在操控，所以他也會用相同的詞彙形容天使（參二15、18）。保羅指出耶穌所超越的萬有，除了包括所有地上統治者和政治架構之外，也將在背後掌管這一切的靈界勢力包括在內。若以上述這種觀念對照基督頌詞的引言部分（一13～14），當保羅提到上帝拯救了信徒「脫離黑暗的權勢，遷移到祂愛子的國度裏。藉著祂的愛子」，使信徒「得蒙救

「但波斯國的領袖攔阻了我二十一天。看哪，天使長中的一位米迦勒來幫助我，因為我被留在波斯諸王那裏。」（但十13）天使米迦勒被波斯國的魔君所攔阻，因而行程受到耽擱。

贖，罪得赦免」，如此的表達不單讓歌羅西教會知道保羅是熟悉教會的，也表示保羅的教導是與符類福音所源自的信仰傳統相同。若果「天上」是指靈界的惡魔，這「天上的、地上的」的對比，已暗示了地上和天國潛在重大的衝突。假如基督是「能看見的、不能看見的」的主宰，他就是「萬有」的主宰。保羅這樣的教導，為要使歌羅西教會忠心於上帝，成為只有一位主宰的教會。若是如此，教會的信徒就當向上帝有完全的委身和絕對的忠心。

3.2.1.2 從萬有與基督的關係解釋基督的超越性（一 17～18）

15 至 16 節強調的是，基督是「創造」的核心，萬物是在他裏面，是藉著他，也是為他而造的，由此顯出他是造物主，而不是受造物。17 節將耶穌描述為「他在萬有之先」（*estin pro pantōn*），這是保羅首次如此形容基督，也是新約書卷惟一的一次對基督有這樣的描述。因他在「萬有之先」，表示他是早於創造之前已存在，這説法是為鞏固 16 節造物主就是基督的概念，同時亦表示萬有是靠他而立。在創造的過程中，基督並不是置身萬物之外，反而是萬物需要仰賴他，才得以存活。因此，基督除了是萬有的創造主，「萬有也靠他而存在」。

保羅以「靠他而存在」（*en auto sunestēken*）這短語，將耶穌在創造的次序中那不可或缺的角色凸顯出來。這短語只出現於歌羅西書。柯連斯（John J. Collins）亦發現這短語沒有出現於「七十士譯本」，但它的近義詞卻出現於兩卷智慧書裏（參「所羅門智訓」1.7；「便西拉智訓」43.26）。柯林斯同時在希臘的哲學著作中找到這短語（參亞里士多德的「尼各馬科倫理學」〔*Nicomachean Ethics*〕6.7.4）。[17] 柯林斯這樣的觀察反映了保羅在頌詞所表達的宇宙觀，是借用了希伯來聖經的概念及他當代的希臘的哲學思想而整合出來的。保羅的宇宙觀道出了上帝為要確定整個宇宙的創造能夠順利進行，祂主動參與創造，而基督則緊貼地參與在上帝無上權威的創造計劃中。

接著，保羅要談到基督與教會的關係。基督是教會的「頭」、是「元始」，藉著「從死人中復活」，使之「在萬有中居首位」（18 節）。這節經文稱基督為「元首」，表示基督是掌權者，也是教會的源頭。因著他是「從死人中復活的首生者」，他便有權柄作教會的「元始」。因此基督不單在萬有之上，也在復活或新的創造上居首。⑱「元始」（*archē*）可以有兩個解釋，而且兩個都成立。假如「元始」代表權柄，基督就抵消了教會內其他一切當權者，無論是人類或超自然的力量。假如「元始」是源頭，基督就是教會的源頭。這觀點跟引言裏的感恩語的部分是一致的，保羅在那裏呼籲信徒要比以前更加忠心跟隨基督。如果歌羅西教會明白萬事都在乎基督，他們也必定會倚靠基督。

3.2.2 基督的豐盛（一 19～20）

討論完基督的超越性之後，保羅在接著的 19 至 20 節將焦點轉到基督裏的「豐盛」。19 節跟 20 節下的結構雖然不是絕對地平行，但其意思是相同的。19 節談到基督是上帝的「豐盛」（*plērōma*），再次使人聯想起基督頌詞的猶太根源。在「七十士譯本」裏，「豐盛／豐富」一詞是用來形容上帝的屬性或祂的同在（**詩一〇三 24**，七十二 19；賽六 3；耶二十三 24）。將新約經文或所用的詞彙與「七十士譯本」聯繫起來這種解經方法，是現今以社會修辭（social rhetorical）進路解釋聖經的學者所採用的一種方法，他們稱這方法為文本互

詩篇一百零三篇 24 節的「七十士譯本」即中文聖經的一百零四篇 24 節。這樣的分別是因為「七十士譯本」和中文聖經計算詩篇的章數有別。在這一節裏，「豐盛／豐富」是以動詞表達。

涉（intertexture/intertextuality），那是指聖經作者參考他當代的讀者所熟悉的文本內容，來解釋他要表達的信息。⑲ 就以保羅為例，當他寫歌羅西書之時所採用互涉的文本多源自猶太教，而當時歸信基督的外邦人大概都接觸過猶太教，或多或少也會認識猶太教信徒所描述耶和華的屬性。

歌羅西書的「一切的豐盛在他〔指基督〕裏面居住」這觀點再次與約翰壹書的神學觀相呼應。當提到上帝的愛，約翰認為上帝的愛是深藏於基督裏，但同時亦可以透過對小亞細亞信徒的愛表達出來，這羣信徒因為認識上帝而體會這份愛；同樣地，保羅所描述的基督內藏著的智慧，也透過信徒羣體的信仰表達出來。所以，這不只是一套教義，更是將基督論踐行於生活的例子。保羅又提及「豐盛」，這「豐盛」是指涉耶穌一切的屬性。假如約翰是寫信給小亞細亞的信徒，正如在他晚年所寫的啟示錄所示，那麼，「一切的豐盛在他〔指基督〕裏面居住」這個神學議題早已在小亞細亞基督教教義中佔有不可取代的地位。歌羅西教會很可能早已認識猶太裔信徒對基督論的看法。為何保羅要談論「豐盛」？原因是歌羅西的信徒很可能正在面對信仰上的挑戰，他們自覺所接受的信仰仍有許多不足夠的地方，他們看不見自己所信的比別的宗教好（參二 6～19）。當時或許在他們當中，有人將一些來自猶太教或異教的神秘主義與基督的教訓混為一談。保羅想減低這些主義對信徒影響的可能性，所以在此強調基督的「豐盛」。如此，當假教義的洪流沖入教會之時，信徒仍能站穩。

保羅在此特別提到「和好」，以此來表達上帝的「豐盛」，這在上帝的計劃裏是十分重要的。「豐盛」並不是一個哲學或宗教的用詞，而是上帝拯救萬物計劃的一個表徵。事實上保羅從沒有用「哲學」去說明他的福音，因為他的福音遠超過哲學可以討論的範圍。上帝一切的作為，至終是「使萬有與自己和好」，而在這復和的計劃中，基督扮演重要的角色。究竟基督在這計劃中扮演甚麼角色？保羅細談到基督擔當著的是中保的角色(20節)。保羅在這裏重提救贖的主題，並透過重複出現的模式使這個主題顯得格外突出，目的是為方便聆聽著書信朗讀的讀者掌握內容的重點。當保羅打破既定的模式，尤其這是一首頌詞，他的目的是要引起受信人的注意。保羅的信息是：藉著基督的寶血，教會得以建立，而教會的建立恰恰就是上帝與人和好的主要途徑。在這兩節經文裏，保羅帶出了贖罪和救贖的兩大主題。教會被買贖反映了基督重新再造萬有的偉大計劃，基督因而居首位是順理成章的。另外，教會最重要的召命，就是在一切事情上活出「基督居首位」這精彩的信仰觀念。教會不但要對自己負責任，更要對世界負責任。當教會盡了本分，就能夠向世界見證上帝救贖的工作。教會是體現福音的地方，當教會見證福音，教會便能在地上將上帝的信實展現出來。基督藉著教會的事工顯示上帝的豐盛(上帝的屬性)。

假如這裏的基督頌詞是早期教會的信仰傳統，頌詞的神學思想就是早期教會福音的基礎。這樣，保羅就不是向受信人講論一些他們不認識的事情，而是提醒他們早已知道的事情。

基督頌詞與整卷書信的上下文十分配合。這段頌詞的神學思想建基在「彌賽亞的傳統」上，保羅為這傳統帶來的屬靈改變和靈命成熟而感恩。也許受信人只是認識這首詩歌，卻未能將歌詞的教導與個人的生命結連。因此保羅用它來指出信徒生命積極和消極的兩方面。從積極方面看，它讓保羅知道勞苦背後的使命(一24～二5)；指出基督在教會中的主權(三1～17)，尤其是在家庭中(三18～四5)；同時也為保羅同工的事奉賦予意義(四7～15)。在書信結束時所描寫的僕人——保羅的眾同工，正是相對於頌詞中的耶穌基督來說的

（四 16～18）。從消極方面看，基督頌詞提供了一個神學基礎，打擊非正統的信仰（參二章）。在書信開始之時，保羅不忘以基督論來打擊異端的思想。

耶穌與彌賽亞傳統

我們在這裏要處理的是，基督頌詞與早期教會所流傳的彌賽亞傳統之間的關係。在猶太人的彌賽亞傳統裏，那些他們看為好的、正直的君王，例如：大衛、所羅門、希西家、約西亞，都被視為擁有彌賽亞的形象，而大衛更是其中的表表者。「敘利亞文巴錄啟示錄」（Syriac Apocalypse of Baruch）的作者記述他在異象中看見這些王坐在寶座上（參「敘利亞文巴錄啟示錄」61、63、66、70～73 章）。此外，詩篇的作者曾對一位君王的至高兒子作過描述（詩八十九 20，一一〇 1、4）。猶太人一直都相信在終末的日子將會有位彌賽亞在錫安出現，目的是再來管治以色列人。

耶穌就是彌賽亞，是至高的掌權者，是信徒尊崇的對象。或許有不少人會問這首頌詞是怎樣產生的，但筆者卻認為更重要的問題是：這位明顯是人的耶穌如何可以得到一直信奉一神宗教的猶太裔信徒所尊崇。這首頌詞可說是向著彌賽亞盼望進發，並結合了猶太人對他們所仰慕的彌賽亞某些屬性的描述，至終指向上帝自己。有關耶穌在上帝救恩歷史中的身分，往往是早期教會所爭議的話題。伯德（Michael F. Bird）曾發出一個問題：「耶穌有沒有想過自己是神？」這是根源性的問題。[20] 伯德的研究對我們了解彌賽亞這議題幫了一大忙，他將聖經裏出現有關天國的論述列出，指出耶穌與父上帝的關係是十分親密的團契關係。從耶穌的言論裏，可以反映他在這親密的關係裏，分享了父上帝的權柄（參太十九 28；路二十二 28～30）。[21] 耶穌就是舊約所預言將要回歸錫安的耶和華上帝（參詩二十四篇）。以上所講述的一切，都是耶穌自我的宣稱，而且還要說得比這更多；但是，究竟對耶穌曾經宣稱的真理作出認信，是指甚麼呢？最有可能的是指：相信耶穌透過復活得著他的權柄。換言之，耶穌透過死而復活而得著耶和華的權柄，並且立刻被提升至造物主的地位。畢竟，創造的故事解釋了一切事情的源頭，而一切的受造物都需要救恩。那麼，究竟耶穌是一位造物主，抑或是一位救贖主？哪個身分更與他匹配呢？須留意的是，耶和華是一位造物主，同時也是救贖主。而且，若耶和華是造物主—救贖主（creator-redeemer），而耶穌這位彌賽亞亦會重歸錫安，那麼，耶穌當然便是造物主—救贖主了。

當我們看這篇頌詞時，或許會發現保羅不斷重複和強調某些概念，為的是讓聆聽著書信內容的讀者牢記其重要內容。這些概念與歌羅西書其餘部分有一定的關係。因此，這篇頌詞除了與整卷歌羅西書的內容配合之外，它仍有三個值得深思的地方。

首先，歷史是重要的。保羅以創造的前後進展到未來的新創造，來顯示上帝和基督在歷史中絕對的主權。對於某些人來說，歷史只是個週而復始的循環。不錯，有些事情的確是周期性發生，循環不息，例如國家興衰。相對來說，大多數的「個人」在這種歷史循環中所扮演的角色便顯得微不足道，而某些「少數人」，例如當權者，反而變得自我膨脹。在某些政權下，殺害微不足道的平民和弱小的異己成為等閒的事。這種對歷史的看法是悲觀絕望的。但是，保羅向世人宣告，耶穌的來到，顯示歷史肯定有開始，也有結束。那些選擇相信保羅所傳福音的每一個人，在歷史上都扮演重要的角色。藉著活出信仰，他們向世界展示上帝的工作，他們實質上成為上帝的代言人。當應用在社會倫理來看，歷史進步的觀點遠勝毫無意義的循環。假如歷史上有一位神，這位神與祂所創造的一切有密切的關係，而這同一位神也會責問所有人在歷史中扮演的角色，那麼，人就不能說自己是微不足道的了。這就是人需要救恩的原因，而救恩就是歷史真正的意義。

第二，一個整體的教會觀是重要的。當保羅提到教會時，往往不是指一個「個體」，而是一整個身體。保羅這種想法與基督頌詞的思想有關。一個人若不是屬於基督身體的一部分，他所作的根本不可能完全代表上帝的工作。這身體既然代表著上帝所買贖的子民，這身體就是將基督居首位這事實彰顯出來。

第三，以十字架為中心的思想是重要的。若深入分析基督頌詞的結構，便不難發現它的重點是在贖罪，而贖罪的核心當然是十字架。十字架是重要的，因為它標示著歷史的重要部分。十字架修補了上帝與人，以及人與人之間的關係，並肯定了耶穌降生所帶來的歷史意義。贖罪一方面將犧牲和愛的終極表達出來，另一方面也要求得救贖的人成為忠心的信徒。歌羅西教會能夠忠心，是因為明白基督代贖的意義。

3.3 保羅的勸勉（一 21～23）

透過基督頌詞，保羅陳述了基督信仰的神學基礎，與此同時，保羅也期望教會能夠為所領受的真理作出回應。接著，他說了一段勸勉的話，以鼓勵歌羅西的信徒活出信仰。在這段勸勉中，保羅提出基督的死為我們帶來三方面的恩典。

一、藉著基督的死，人可以得到與上帝和好的恩典（21～22節）

這是保羅所指第一方面的恩典。從前的歌羅西人，在心態和行為上都「與上帝隔絕，心思上與祂為敵」（21節）。「隔絕」（*apallotrioō*）的希臘文與22節的「和好」（*apokatallassō*），字首發音相似，而這兩個詞同有“*ll*”的字母，因而製造了押頭韻的聽覺效果。作者刻意使用這種修辭技巧來強調教會與上帝之間的關係的兩極情況。換言之，「與上帝隔絕」就是「心思上與祂為敵」。須留意的是，這方面的恩典是直接跟信徒的身分有關的。凡閱讀保羅書信的，必定知道他在討論一些神學議題之時，都慣於先為信徒的身分定位，然後再討論信仰的行動（參二6～8，三1～2）。保羅把歌羅西的信徒「獻在祂的面前，成為聖潔，沒有瑕疵，無可指責」（22節）。

「獻」（*parastēsai*）在歌羅西書只出現過兩次（另參28節），這詞亦可以譯作「將……展現/引到/放在面前」，英文譯本大都譯作“present”，而沒有直接將它譯作“offer”（「呂振中譯本」譯作「引到……面前」）。究竟保羅是將信徒引到上帝面前抑或將信徒獻給上帝？即使“*parastēsai*”這動詞是有「獻」的意思，筆者較傾向解作「引到/放在面前」。即使它確實有「獻」的意思，筆者認為這都只是一種修辭性的表達，因為保羅從沒擔當過祭司，他更加期望的是信徒願意甘心地將自己獻上（參羅十二1）。保羅傳福音，目的都是將信徒引到上帝面前，而且來到上帝面前的，都會因著耶穌的死，與上帝和好，成為「沒有瑕疵，無可指責」。這反映了他對教會寄予厚望，認為地上的教會正在逐步實現「聖潔」這理想。簡言之，擁有信徒身分的人，是會帶來「聖潔」，而「聖潔」的定義是指「沒有瑕疵，無可指責」。這對教會來說，是多麼不容易的使命！

「沒有瑕疵，無可指責」的意思是指教會要不斷努力改進自己，使自己更順服基督的領導，並在順服這一點上做到沒有可指責的地步。「指責」這詞指出了教會信徒的生活有如上帝的見證，是外顯的，目的是讓世人看見，並且評鑒他們的行為。正如改革宗的口號：「改革，再改革」，教會不是一個靜態的機構，而是載有生命力的有機體。保羅不希望信徒安於現狀，教會應不斷朝著目標進發。

二、藉著基督的死，人們可以得到信徒的身分（23節上）

福音使信仰羣體得以建立，賦予這個羣體中的成員新的身分，並使他們產生堅定不移的信心。23節經文常被用來探討人是否永恆得救。這一節以「只要你們持守信仰……」作開始，有解經家認為這句子暗示了教會羣體中出現了一些不堅持信仰的成員。但若從上下文看，這是神學上的誤解。從希臘文文法結構看，「只要你們持守……」（*ei ge epimenete*）中的「持守」這動詞是以直說式語氣，而不是以假設式語氣表達，表示這不是一個假設性的祈願，而是一個可以成為事實的條件句。教會存在的主要功能是要作美好的見證，並且是要無可責備、沒有瑕疵的。因此，教會若要影響社會，將福音傳至整個世界，其條件就是要堅守著其存在的功能。換言之，只要信徒「持守信仰」，教會就能實在地存在。保羅所指的「持守」是一個持續、不會間斷的行動，而教會也因著信徒的「持守」，而一直地在世上存在。保羅在這裏很可能是針對歌羅西教會整體而言，而不是描寫個別信徒的信仰或得著救恩的狀態。故此，保羅在此所關注的，很可能是整個歌羅西教會在他們當下的環境中怎樣掙扎求存，而不是個人的得救問題。

三、基督藉著死，將福音帶到人羣那裏（23節下）

「傳」（*tou kuruchthentos*）的希臘文是個分詞作名詞用，它是以所有格被動式表達，其意思可以帶有「由傳話的使者」，因此，「這福音也是傳給天下一切被造之物」，可直譯為「這福音，**由傳話的使者**，給了天下一切被造之物」。使者傳話前先要有信息。保羅將福音跟歌羅西教會連上關係，而歌羅西的信徒也是福音的受惠者。沒有這福音的信息，就沒有好消息向人類

「傳」這分詞的原文是一個關係子句，附屬於另一個子句「所聽見的福音」。

宣布。基督福音這好消息，就是指耶穌死在十字架這信息，這信息是給予所有信徒（尤其是保羅和歌羅西教會）的好信息。基督福音讓世人可以成為新造的人，而當教會展現了人的更新，最終所有受造物都會得到更新。

信仰反省

基督頌詞的形式帶點猶太教的意味。基本上，保羅一向反對來自猶太文化的一些教義滲入基督教裏。而歌羅西教會卻出現這方面的問題，原因很可能是有些歌羅西的信徒在歸信前曾信奉猶太教。人歸信之前的宗教背景，很容易成為信徒生命成長的阻礙。基督頌詞挑戰我們，要過不斷反省和平衡的信仰生活。我們要經常挑戰自己的信仰，藉著這些挑戰，漸漸成為成熟的信徒。換言之，生命就是心意更新。我們受到的挑戰愈大，在思想上就能得著愈多的改變，脫離悔改前的影響和其他成見，我們的心意就會跟基督更一致。現列出三點的信仰行為，作為借鏡，讓信徒效法。

一、合一與順服

這主要是應用在個人和整體的身分上。教會是身體，基督是頭（18節），這是一個隱喻。保羅在哥林多前書也以身體來形容教會。這隱喻只是說明或比擬「合一」。教會的頭在教會身體之上，是說明完全順服的道理。身體不能沒有頭，它必須完全倚靠頭才能生存。沒有了頭，身體便成了一具屍體。這說明很生動，而且很有意義，因為教會在世上有重大的責任。教會不能只求在地上生存，而忽略了要完全順服於基督。假如教會在信仰的實踐上有不完全的地方，必須改變歸回基督。換言之，當保羅說教會是基督的身體，其實是指教會合一的見證；而當他說基督是教會的頭，就是說教會要順服基督。

二、承擔和負責

對個別信徒而言，我們要與本地的和普世教會的信徒認同。當我們順服地方教會的權柄，便表明我們在普世教會的（包括所有信靠基督的宗派）信徒中也有分。在北美，地方教會是沒有會友制度的，這當然有一定的好處，但壞處更多。其好處是讓人直接與所有信徒認同，而不會受到不完全的宗派和政治所束縛。但筆者卻認為它的壞處遠多於好處，因為在地方教會裏沒有身分，信徒便不能委身於教會的制度及生活，若稍有不合己意的情況，便可隨便離開轉到其他教會；教會沒有會友制，便為信徒提供了很方便的「出路」。在美國，人與人之間早已缺乏委身的關係，而這是源於不正常的家庭關係；他們隨意選擇婚姻對象，也不重視婚姻關係，這也影響著信徒的教會生活。他們沒有「家」的感覺，於是他們選擇性地遵行上帝的話，按己意行信仰的路，而從不為自己所行的作解釋。信徒可以像非信徒一樣，可以因為意見不合，而在事情還未能得到圓滿解決之前便離開教會。若華人教會不再維持會友制度，所引申出來的問題更為複雜。我並不是說我們都要改變現有的會友制度，但總要想辦法使他們作一個負責任的信徒，不讓他們有一條方便的「出路」。總括來說，信徒不尊重地方教會的權柄，也不會尊重他們所隸屬的普世教會。信徒既不尊重地方教會的權柄，又怎能相信他會尊崇那位肉眼不能見的復活的基督呢！沒有頭的身體是死的，這種情況是不能忽視的。沒有責任感的信徒也不可說是有生命的信徒，不順服的教會也是沒有生命的教會。

三、榮耀和羞恥

我們可以從「榮耀和羞恥」的角度去思想基督是教會的頭的重要性。一個四肢殘缺的人，在希羅社會中會被看為是奇恥大辱，因為這代表了不完全。因此，羅馬人不喜歡割禮這類儀式。保羅時代的猶太社會對殘障的人有相似的看法，有時甚至帶有道德含意，看殘障的人為有罪的（參約九1）。若應用在教會「身體與頭」的關係上，假如我們不連於我們的「頭」——耶穌基督，我們就像殘障的人，因為我們的肢體被折斷了。如此，我們應當明白，身體欠缺了任何一部分，都會令整個身體蒙羞。保羅的比喻同樣也有極大的類比作用。個別信徒或個別教會若選擇我行我素，便是大大羞辱了上帝子民的名聲，難怪不信的人經常指信徒偽善。「虛偽」肯定在信徒和非信徒當中肆虐。事實上，不少信徒甚至比非信徒更虛偽。為甚麼信徒常受到這樣的指摘呢？這是由於許多信徒選擇了矛盾的生活模式。他們有會友的身分，宣稱向基督委身，但他們的生命表現卻配不上應有的委身。因為他們選擇不理會那個「頭」，導致整個身體受羞辱。

當我們認定基督頌詞有信仰傳統的背景，我們便可以窺見保羅時代的教會在神學思想上的深度。當保羅用既有的基督頌詞去提醒歌羅西教會時，我們必須反問自己，究竟我們所推動的差傳事工背後的理念，是否有同樣的深度？現代差傳事工的效果正好相反。我們選擇與人分享的，是所謂「即食」的福音，帶來即食的悔改。在傳福音的過程中往往忽略了許多對我們信仰很重要的概念。在許多宣教圈子裏，事工發展的重點經常放在得救的人數上，而犧牲了神學理念。我們絕不能單為了得救的人數而放棄信仰的深度。有時，當悔改並不是建基於有深度的神學思想，便很容易受異端攻擊。保羅至少也會跟讀者重溫他們已知的信仰與神學。我們與初信者分享時又有沒有這樣的深度呢？

釋經短註

❶ 有關琳幸（Andrew T. Lincoln）評論保羅是歌羅西書的編修者，可參 Andrew T. Lincoln, *Colossians*, NIB (Nashville, TN: Abingdon Press, 2000), 602～603。

❷ Benjamin Edsall and Jennifer R. Strawbridge, "The Song We Used to Sing? Hymn 'Traditions' and Reception in Pauline Letters," *JSNT* 37/3 (2015): 290～296.

❸ 有關鮑維均對 *lutroō* 的論述，可參 David W. Pao, *Colossians and Philemon: Zondervan Exegetical Commentary on the New Testament* (Grand Rapids, MI: Zondervan, 2012), 77～78。

❹ 有關鮑維均對保羅將救贖的觀念連繫至舊約救贖觀念的看法，可參 Pao, *Colossians and Philemon*, 75～76。

❺ 有關湯普森（Marianne Meye Thompson）對歌羅西書與約翰壹書這兩卷書有相似之處的評論，可參 Marianne Meye Thompson, *Colossians and Philemon*, Two Horizons (Grand Rapids, MI: Eerdmans, 2005), 28。

❻ 鄧雅各（James D. G. Dunn）對 15 至 20 節分段法有另一種看法。他認為這段經文應該分為三部分。15 節是第一部分，16 節及 19 節分別出現「藉著他」和「在他裏面」這介詞短語（這兩個介詞短語的原文都是 *en autō* ，故此「藉著他」也可以譯作「在他裏面」），鄧雅各認為這是新段落開始的標記，所以整首頌詞共有三部分：15 節、16～18 節、19～23 節。有關鄧雅各的論點，可參 James D. G. Dunn, *The Epistles to the Colossians and to Philemon*, NIGTC (Grand Rapids, MI: Eerdmans, 1996), 84。究竟基督頌詞應分為三部分或兩部

分，確實很難有定論。雖然許多學者認為保羅輯錄了大部分人都認識的頌詞，但賴特（N. T. Wright）持相反意見，認為保羅這樣做，只會使讀者混淆。參 N. T. Wright, "Poetry and Theology in Colossians 1.15~20," *NTS* 36 (1990): 445。

❼ Roy R. Jeal, "Starting Before the Beginning: Precreation Discourse in Colossians," *Religion and Theology* 18 (2011): 290.

❽ 對於「首生的」是意味著耶穌是被創造的一部分這論點，可參 Eduard Lohse, *Colossians and Philemon: A Commentary on the Epistles to the Colossians and to Philemon*, Hermeneia (Philadelphia, PA: Fortress Press, 1971), 48～49。

❾ 有關湯普森的評論，可參 Thompson, *Colossians and Philemon*, 32。

❿ Pao, *Colossians and Philemon*, 95.

⓫ 斯特林（Gregory E. Sterling）評論斐羅的著作，可參 Gregory E. Sterling, "Wisdom among the Perfect: Creation Traditions in Alexandrian Judaism and Corinthian Christianity," *NovT* vol. 37/4 (1995), 362～367。

⓬ 斐羅的著作浮現著箴言八章傳統中的智慧。有關這方面的討論，可參 Sterling, "Wisdom Among the Perfect," 364。

⓭ 有關鮑維均對「藉著他」、「為著他」這兩個介詞短語的意思的討論，可參 Pao, *Colossians and Philemon*, 97。

⓮ Pao, *Colossians and Philemon*, 97.

⓯「執政的、掌權的」這組詞似乎是描寫靈界的活物，可參 Pao, *Colossians and Philemon*, 97。

⓰ 有關阿諾德（Clinton E. Arnold）對歌羅西一帶地方的宗教狀況的研究，可參 Clinton E. Arnold, *The Colossian Syncretism* (Tübingen: Mohr, 1995), 162～183。

⓱ John J. Collins, "Colossians 1, 17 and 'hold together': A co-opted Term," *Biblica* 95 no.1 (2014): 64～65.

⓲ 坎農（George E. Cannon）提出在保羅未使用這基督頌詞之前，這頌詞本來就有終末論的色彩。這種色彩在保羅運用頌詞來教導歌羅西教會時也可見一斑。歌羅西書的語言很符合終末論的語言，「來世」的事在基督裏得以實現，特別是在基督的身體——教會。教會實現了上帝國的來臨。關於坎農的論點，可參 George E. Cannon, *The Use of Traditional Material in Colossians* (Macon, GA: Mercer University Press, 1983), 33。

⓳ Jeal, "Starting Before the Beginning," 295～297.

⓴ 伯德（Michael F. Bird）曾發出的提問，可參 Michael F. Bird, "Did Jesus think he was God?" in *How God Became Jesus*, ed. Michael F. Bird (Grand Rapids, MI: Zondervan, 2014), 45。

㉑ 伯德更多的評論，可參 Bird, "Did Jesus think he was God?" 54～55。

溫習及思考問題

1. 13至23節可以如何分成三段？這三段的主要內容是甚麼？筆者如此分段，意義何在？
2. 「赦」（*errusato*；13節）與「拯救」（*sōzō*）在意義上有何不同？保羅在這段經文中使用了*errusato* 是有何特別之處？在信徒的生命中是否也可以經歷「赦」與「拯救」?
3. 「黑暗的權勢」與「愛子的國度」（13節）之間有何關係？它們如何影響信徒的生活？
4. 15至20節是基督頌詞的核心內容，筆者如何將它分段？
5. 從「看不見的上帝之像」（15節）這短句中，如何看見保羅將耶穌與亞當作比較？這短句如何包含羅馬書所描述的基督論？
6. 學者對「首生」（15節）這詞有多少個不同的看法？這詞如何包含著救贖的意思？我們是否都能夠領受與猶太信徒相同的救恩？
7. 「在他裏面」、「藉著他」、「為著他」這三個介詞短語背後表達了「創造」的哪方面信息？保羅所指的「創造」是否只指向過去的事？這創造與我們領受的救恩有何關係？
8. 試覆述16節出現的四組詞帶著甚麼意思？如何帶出「創造」這主題？在一個異教國家的處境中，這四組詞帶給我們甚麼提醒？
9. 基督如何超越萬有？這種超越帶給信徒有何盼望？全然彰顯基督的生命的關鍵是甚麼？
10. 耶穌是彌賽亞，這與猶太人傳統中所等候的彌賽亞是否相同？耶穌這彌賽亞身分如何幫助信徒了解自己的身分？

第四章

保羅的自白

（一24～二5）

- 忠心的事奉者保羅
- 保羅為信徒而勤奮

經文

1 24 現在我為你們受苦，倒很快樂；並且為基督的身體，就是為教
會，我要在自己的肉身上補滿基督未盡的苦難。25 我照上帝為你
們所賜我的職分作了教會的僕役，要把上帝的道傳得完滿；26 這道就是
歷世歷代所隱藏的奧祕，但如今向他的聖徒顯明了。27 上帝要讓他們知
道，這奧祕在外邦人中有何等豐盛的榮耀；就是基督在你們心裏成了
得榮耀的盼望。28 我們傳揚他，是用諸般的智慧，勸戒各人，教導各
人，要把各人在基督裏完完全全地獻上。29 我也為此勞苦，照著他在我
裏面運用的大能盡心竭力。

2 1 我要你們知道，我為你們和老底嘉人，和所有沒有與我見過面的
人，是何等地勤奮；2 為要使他們的心得安慰，因愛心互相聯絡，
以致有從確實了解所產生的豐盛，好深知上帝的奧祕，就是基督；3 在
他裏面蘊藏著一切智慧和知識。4 我說這話，免得有人用花言巧語迷惑
你們。5 雖然我身體不在你們那裏，心卻與你們同在，很高興見你們循
規蹈矩，對基督的信心也堅固。

一章13至23節這段經文以「我—保羅作了這福音的僕役」（23節）作結語，其實是為下一段內容作引子。一章24節至二章5節看似是一段插曲，其實是保羅具體地陳述他如何作「這福音的僕役」。保羅除了期望歌羅西教會反思細想那充滿神學概念的基督頌詞之外，也鼓勵他們對頌詞的內容作出回應（參一21～23）。保羅透過頌詞解釋救恩論之後，再以自己為見證，帶出忠心事奉的榜樣，為要請求受信人以最大的忠誠來回應上帝。這段經文可分為兩大段作分析，第一段是保羅對自己的事奉的剖白（一24～29）；第二段是保羅陳述自己為信徒而勤奮，儘管這些信徒不是由他親手栽培的（二1～5）。

4.1 忠心的事奉者保羅（一24～29）

這段經文表達保羅與基督、與教會的關係。保羅曾經歷福音裏極大的恩典，他如今以見證人的身分述説他如何委身給上帝，從而鼓勵歌羅西的信徒積極回應基督。從經文內容看，24至29節出現了「受苦」（24節上）、「苦難」（24節下）、「勞苦」（29節），反映了這段經文所講的，是與受苦有關。保羅在這段經文中似乎是要帶出兩個信息。在第一個信息中，他剖白自己對事奉所付上的情感（24節上）。在第二個信息中，保羅描述自己事奉的具體境況，説明了支撐他事奉的動力何在（25下～29節）。若再從希臘文的文法結構看，這段經文是由「快樂」（*chairō*）及「補滿」（*antanaplērō*）這兩個主要動詞主導著，這兩個動詞同時帶出了上文所提及兩個重要的信息。鮑維均認為24節的副詞「現在」（*nun*）與連接詞「並且」（*kai*）是兩個分段標記，將內容切割成兩個主題，表示這節經文包含了兩個信息。❶「現在」與「並且」這分段標記，引入了「現在」與「將來」兩個概念，反映了這兩個詞帶出的一種終末的思想。保羅當時對教會的牧養及在外邦人中間事奉，體認了耶穌終末的工作。鮑維均帶出了保羅之所以能夠面對各樣苦難的原因。

分段大綱（一24～29）

一、保羅在受苦中仍有喜樂（一24上）
二、保羅對自己受苦的看法（一24下～29）
　　1. 保羅補滿基督未盡的苦（一24下）
　　2. 因作教會的僕役而受苦（一25～29）

4.1.1 保羅在受苦中仍有喜樂（一24上）

在第一個信息：「現在我為你們受苦，倒很快樂」，保羅在這短短的半節經文中，指出了他當時是處於「受苦」的境況之中。保羅當時正為福音的緣故而身陷囹圄。他要帶出的信息有兩方面。

一、為歌羅西教會受苦

保羅說他是「為你們〔指歌羅西教會〕受苦」，是耐人尋味的，因為歌羅西教會不是由保羅所建立的，而保羅亦從沒有探訪這地區的教會。在這種情況下，保羅怎會為素未謀面的人受苦呢？若參考1、3至4節，便會發現即使歌羅西教會不是保羅建立，但從保羅的字裏行間，已反映他與教會的關係很密切。他看教會的信徒為自己的弟兄，而他與教會的關係也相等於他與提摩太及其他同工關係般密切（參2.1.1「寫信人〔一1〕」），頁41～42；2.2.1「信徒的信心與愛心〔一3～4〕」），頁44）。故此，當保羅說「為你們」，是可以指「為眾教會」，而不是指具體的一羣人或一個人。「為你們」原文亦可譯作「代替你們」。若接納此翻譯，其背後帶著的意思是：保羅也代表了教會而落在被囚的處境當中。當保羅受苦之時，眾教會也在受苦。

二、受苦中仍有喜樂

「受苦」對任何人而言，都是一件難堪的事，但於保羅而言，卻看為是一件「快樂」（*chairō*）的事。「快樂」可以是一種情緒表現，亦可以是狀態，是人一種對周邊事情正面的反應。保羅並不是看輕受苦，只是，他深深明白自己受苦的目的。他不是因為個人的問題，而是因為福音而受苦。保羅亦不是高舉受苦，也不認為所有的苦難都是好的，甚或應該要渴求受苦。只是，他認為若果受苦是他事奉使命中必須經過的路，他選擇欣然接受。

4.1.2 保羅對自己受苦的看法（一24下～29）

談到受苦，保羅再補充了一段話。他指出自己的受苦是為「補滿基督未盡的苦難」，然後解釋他如何補滿基督的苦難。

4.1.2.1 保羅補滿基督未盡的苦（一24下）

保羅要在「肉身上補滿基督未盡的苦難」，是很難解的一句。從句子表面看來，基督似乎仍有一些事情還未完成，需要保羅來幫助他去完成。保羅這樣的表達，是否暗示他為歌羅西的信徒承擔了基督部分的苦楚，像基督般為罪人而犧牲，救贖他們呢？也許有人會認同這種看法，但這種解釋跟本段經文的神學觀並不一致。讀者需要先弄清楚的是，保羅所指「未盡」的事，並不是基督的救贖，而是基督在「肉身上……的苦難」。按事實，只有基督才有資格贖回罪人，任何人，包括保羅，也沒有資格擔當基督那中保的職分。再者，歌羅西教會並不是由保羅所建立的，所以無論在神學的解釋上或實質行動上，保羅都沒有代替基督為歌羅西教會作了任何工作。學者蘭格（T. J. Lang）最近刊登一篇文章，嘗試以社會語言學（sociolinguistic）的角度看「補滿……未盡」（*antanaplērō ta husterēmata*）這短句。他認為這就如一個未完成的會計報告，而保羅是要將數字填滿，但報告的模式早已存在。❷ 事實上，基督因救贖人類所付出的代價及所受的苦楚已經足夠，也不需要任何人作額外的「補滿」。所謂「未盡」，就是將基督完美救贖的好處分給外邦人，而保羅就是那位負責將這好處分出去的使者，為此他要付出努力。這就是保羅所指的意思。

因此，保羅所指「補滿基督未盡的苦難」，其意思可能與「肉身」受苦有關。經文雖沒有交代保羅是如何以「肉身」來「補滿」基督的苦難，但肯定的是，保羅的確為了外邦人而在「肉身」上受了很大的苦楚，甚至被捉拿入獄。故此，我們可以推測保羅是以歌羅西教會來象徵外邦人。這一點推測肯定與使徒行傳二十一章 28 節記載保羅入獄的背景吻合；當時，猶太人指控保羅把外邦人帶進聖殿的範圍。由於猶太教拒絕耶穌，所以保羅清楚地說：「所以，你們當知道，上帝這救恩已經傳給外邦人；他們會聽的。」（徒二十八 28）結果，他在羅馬被軟禁達兩年之久（徒二十八 30）。保羅之所以受苦，完全因為他要向外邦人傳福音。所以，基督沒有完成的，就是使「許多外邦人悔改得救」，而保羅做到了，歌羅西書一章 27 節已證實了這點。保羅不但沒有因受苦而沮喪，反而因為知道上帝藉著他來成就祂的計劃而歡喜。因此，保羅所「補滿」的是基督未完成的宣教事工。保羅要在外邦人中間建立多而又多的教會，使外邦人加入以色列人的行列，成為上帝的子民。柯雅蓓（Adele Yarbro Collins）不接受保羅是歌羅西書的作者，然而她指出歌羅西書的作者對現世信徒事奉的框架，與保羅的終末觀十分相似。❸ 為信仰受苦，是等候基督再來之時，信徒所面對終末來臨的過程裏的其中一件事情。於保羅而言，他使用「補滿」這富挑戰性的詞彙，不但顯露了他在事奉上所經歷「肉身」受苦的事情，同時也帶出一件事實，就是基督即使已經升天，他的事工卻沒有停止，仍在保羅身上延續，並且一直在將來的歷史中發展下去。

4.1.2.2 因作教會的僕役而受苦（一 25～29）

保羅所指的受苦，並不是因個人問題而產生的，而是因為他作了「教會的僕役」，他也是「為此勞苦」（29 節）。保羅提及他是「照上帝為你們〔歌羅西教會〕所賜我的職分作了教會的僕役」，表示這僕役的身分是上帝所賜的，目的是要服事眾教會。保羅再次提到「為你們」，這再次引發矛盾。保羅確實沒有到過歌羅西，但這並不表示他對教會一無所知，他經常從以巴弗聽到教會的消息，因而知道教會的狀況。保羅將歌羅西教會納入他服事的對象裏，並且以書信模式牧養他們，藉此他便可以「把上帝的道傳得完滿」。保羅這樣的服事，證明了他有使徒的權柄（參 1 節），而透過這牧養職事，他鼓勵歌羅西的信徒忠心為基督而活。

保羅說他要「把上帝的道傳得完滿」。「完滿」（*plērōsai*）這詞與 24 節的「補滿」互相呼應。保羅要遵行上帝的計劃，「補滿」基督的事工，使外邦人歸信基督；如今，保羅要把上帝的福音傳得「完滿」。這

「到處傳了基督的福音」(*peplērōkenai to euaggelion tou Christou*)原文可直譯為「完滿地傳了基督的福音」。

「完滿」與羅馬書十五章19節「**到處傳了基督的福音**」的意思相同。保羅在羅馬書強調自己要奮力使基督福音的信息內容得以「完滿」。若朝這方向解釋歌羅西書的「完滿」，應該是指保羅要將福音的信息完整地、清楚地說出來。這樣的解釋是合理的，因為當時的信徒對福音的內容一知半解，而歌羅西教會亦正面對有異保羅教導的內容的滲入。在這情況下，保羅有需要將福音「完整地、清楚地」傳揚，以此杜絕異端滲入的危機。「完滿」是他的目標。這樣的解釋道出了信徒明白整個福音的內容是何等重要，明白福音與否將帶來重大的影響。無可否認，保羅和他的同工是以他們最大的能力及智慧傳揚福音，建立教會；只是，保羅所強調的是，福音的內容必須毫不含糊，而且要完全清晰地被傳揚。

此外，從希羅文化的角度看，保羅因向外邦人傳福音而受苦，就是一種美德。森尼(Jerry L. Sumney)對為他者而受苦的看法，別有洞見。他相信在羅馬的文化處境中，一個人為他者奉獻自己，甚至為之犧牲性命，這不但顯出犧牲者的誠實及智慧，也是英雄所為，是值得褒揚的。他又指出，有時候一位戰士會以羅馬神明的名字起誓，將自己的戰事獻給羅馬，他們亦會為此引以為榮。❹ 這種受苦會為其他人樹立榜樣，讓追隨者也嚮往這種受苦。雖然保羅效法基督的受苦，但他不認為自己的受苦與基督受苦的意義相同。基督的受苦是為救贖罪人，但保羅的受苦是為一個宣教的使命。他期望他的受苦會成為別人的榜樣，鼓勵基督的跟隨者起來為這使命而受苦。那麼，他如何透過自己的受苦「把上帝的道傳得完滿」呢？基督的犧牲成為這方面美德最原初的榜樣，如今基督已離開，保羅便承傳這美德，努力不懈地，即使受苦也堅持「把上帝的道」傳開去，讓上帝的道「傳得完滿」。保羅成為「完滿」的模範，鼓勵了跟隨者繼續使之「完滿」，直至基督的再來。保羅是帶著受苦的心志「把上帝的道傳得完滿」。保羅重視所傳的道，因為它是上帝的奧祕，亦因如此，他願意為信徒的成長盡心竭力。

一、保羅要指出所傳的道是奧祕（一 26～27）

「奧祕」（*mustērion*）在這兩節經文中出現了兩次。這名詞的原文在歌羅西書共出現四次（另參二 2，四 3）。就著這詞，保羅在 26、27 節以他素來使用的扇形結構來表達他的思想：

A　　奧祕（一 26 上）

　　B　　接納（一 26 下）

　　B'　　顯露（一 27 上）

A'　　奧祕（一 27 下）

由於整封信都是朗讀出來的，所以當重複字詞出現，便表示這詞在這段落中十分重要。這段落所重複的字眼就是「奧祕」。讀者可以從兩個角度看「奧祕」這個詞。首先，它包含著接納。在保羅宣教的初期，「奧祕」一詞已帶著強烈的宗教意味，它可以用來指神祕的禮儀、神祕的教導，或神祕的宗教。在保羅時期，有神祕教派活躍於小亞細亞一帶，通常只有富有的人才可以加入成為會員，因為入會的人要捐獻一筆的金錢。對於負擔不起入會費用的人來說，這些教派就是「奧祕」。保羅賦予這詞另一種的意義。他指出要成為教會一員，是不需要付入會費用的。這會籍更是公開給所有凡接受救恩的人，而且這並不是專屬於猶太人的，外邦人也可以成為教會成員。這些外邦人從前與上帝隔絕（21 節），在上帝拯救的計劃中是沒有分兒的；但如今，外邦人也認識了上帝(27節)。於猶太人而言，外邦人竟然也能得救，這便是「奧祕」，或更直接地說，外邦人就是「奧祕」。因此，這「奧祕」包含的是一個重要元素，就是上帝的「接納」。

27節是從另一角度看「奧祕」。保羅指出上帝要將這「奧祕」向外邦人顯露出來。布厄爾及霍奇(Denise K. Buell and Caroline J. Hodge)指出上帝救贖的計劃原本有種族上的劃分，只為猶太人而設，但基督容許外邦人跨過這種種族的界線而進入救恩裏，讓他們能夠參與上帝救贖的計劃。在福音裏，保羅在種族的分隔上開創了新的典範，這觀點是正確的。但是，種族問題對當時受希羅背景影響的讀者而言，根本就不成問題，因為種族分隔原是一項社會定例，沒有人可以違反的。種族分隔到了現代才成了社會政治問題。筆者不能肯定保羅所講的種族分隔是否跟現代釋經學者所探討及詮釋的相同，但筆者傾向認為保羅提及的種族問題，是上帝在舊約時代藉著以色列人成就救恩時附帶產生的結果。❺ 外邦人得著新的生命，這顯示他們不再與上帝隔絕，因為「與上帝隔絕」是異教徒(外邦人)的標記(參21節)。對於不明白「奧祕」的人，尤其是猶太信徒，這依然是奧祕，否則猶太人不會反對保羅的宣教工作。只有基督的信徒才能夠明白這「奧祕」。不過，即使如此，對於猶太裔的信徒來說，這「奧祕」也可能令他們感到驚訝，因為基督如今竟然活在外邦人的生命當中。這「奧祕」驚人的地方是，它在外邦人心裏「成了得榮耀的盼望」(27節)。外邦人擁有基督的標記，並且隨著救恩而得著盼望。保羅如此的表達，是為他接著所討論「榮耀」這議題的內容鋪路。信徒所盼望終末的「榮耀」，如今從外邦人成為基督身體一部分這事情上，稍微呈現出來。這事件代表了即使耶穌已經升天，但他的事工仍在地上發展。或許會有人問：「外邦人如何成就上帝的計劃？」答案就在這「奧祕」裏。福音將外邦人引入基督的身體裏。換言之，這奧祕對外邦人來說有主觀和客觀兩方面的角度。從客觀方面看，上帝藉著福音使外邦人認識祂（27節）。因為福音使人知道上帝從前所隱藏的事，所以福音就是「奧祕」。然而外邦人與「奧祕」的關係不止於此，外邦人自己反而成了「奧祕」。外邦人怎麼竟然成為奧祕？因為他們將福音具體地表現出來。❻ 更明確地說，歌羅西教會昭著的信心（4節），表現出外邦人同樣可以成為上帝家裏的一分子，他們自己就是活的見證。

讀者必須知道的是，這段經文彷彿包含一些類似經濟學上採用的詞彙，成為刻劃保羅整個事工的圖像。蘭格的看法值得我們參考，他指出：「財富是固定的，而且放置在安全的地方，惟一匱乏的是，當這些財產以個人方式轉移至外邦人那裏之時，那位外邦人卻仍未開發個人的資產——對基督的認識。」❼

二、保羅力陳自己為信徒的成長而盡心竭力（一28～29）

28節的原文也出現了**三次「各人」**（*panta*；28節），意味著保羅這書信是寫給各式各樣的人，其中也包括外邦人。「重複」使用一個詞，是口述傳遞的一種技巧，使聽的人感到自己也是保羅事工對象的一分子，這也顯示了保羅宣教工作的廣度。保羅在這節經文中說明了他以怎樣的方式傳揚基督，以及傳揚基督的目的。保羅指出他是運用他「諸般的智慧」、透過「勸戒」和「教導」來「傳揚」基督，而保羅的目的是「要把各人在基督裏完完全全地獻上」。所謂用「諸般的智慧」是指人要用盡一切可以明白上帝的事情的能力。按一章9節的解釋，這「智慧」是來自聖靈，而不是自身所有的（參2.3.1「保羅的祈求〔一9〕」，頁48～49）。

「各」（panta, pasē）是一個形容詞。這節經文其實共出現了四次，「諸般的智慧」原文可直譯為「所有智慧」，而「各人」可直譯為「所有人」。

當用各樣的智慧，把基督的道豐豐富富的存在心裏，用詩篇、讚美詩、靈歌，彼此教導，互相勸戒，以感恩的心歌頌上帝。（三16）

「勸戒」（*nouthetountes*）與「教導」（*didaskontes*）的原文是一對分詞，如此用詞的配搭也出現於**三章16節**。這兩個分詞是以現在式表達，表示這兩種動作一直都在進行中。這兩個詞的意義十分相近，儘管如此，它們所表達的重點仍有些微分別，其作用是描述保羅兩個方向的宣講。「勸戒」是用作勸勉信徒在信仰上的態度，而「教導」是用作一個教育的過程，使受教者免於無知。保羅是以「諸般的智慧」來作「勸戒」與「教導」，表示了他的宣講是以基督為中心（參二2～3）。與此同時，這種「智慧」讓教會至終可以辨別那些潛藏在教會內的異端所標榜的「智慧」（參二23）。

「要把各人在基督裏完完全全地獻上」（*parastēsōmen panta anthrōpon teleion en Christō*）的原文可以有另一種譯法。「完完全全」（*teleion*）可以譯作「完全/完成」或「成熟/完全成熟」。較近代的聖經譯本傾向譯作「成熟/完全成熟」。❽ 究竟這「完完全全」是指保羅將「各人……完完全全地獻上」抑或指「各人……完完全全」呢？按「和修版」的譯法，它似乎傾向前者。若將 *teleion* 譯作「成熟/完全成熟」，*teleion* 則是描述「各人」，而不是保羅的工作。另外，「獻上」（*parastēsōmen*）這動詞亦可譯作「展示出來/放在面前」，英文譯本大都譯作“present”，而不是“offer”（參3.3「保羅的勸勉〔一21～23〕」。雅博特（T. K. Abbott）提出另一個「要把各人在基督裏完完全全地獻上」的譯法，認為這句子也可譯作「為要使各人在基督裏長大成熟，引到上帝面前」。他認為「成熟」這詞是從古代神祕宗教觀念借來的一個詞，可能是指受了一個完整的訓練。這「成熟」不只在頭腦上，更要在實踐上。❾ 這句子亦可譯作「把各人在基督裏完全的成長展示出來」。這樣的譯法也配合一章6節「這福音傳到你們那裏，也傳到普天下，並且繼續增長，不斷結果，正如自從你們聽見福音，真正知道上帝恩惠的日子起，在你們中間也是這樣」的意思。若是如此，保羅之所以要「傳揚」基督，目的是為要將信徒在信仰上成熟的表現展示出來。保羅再補充說，為了展示信徒成熟的信仰生命，他願意「為此勞苦」，並且「盡心竭力」。「勞苦」表示用雙手親自苦幹，這是一種令人筋疲力盡的體力勞動。「盡心竭力」的意思則是像運動員或鬥士奮鬥到底。前者強調事奉的重擔，後者則強調那種強度。不過，怎樣「勞苦」及「盡心竭力」則不是按自己的心意，而是「照著他〔**指基督**〕在我裏面運用的大能盡心竭力」（29節）。換言之，當保羅努力工作時，基督同時供給所需的能力。

延續著28節的內容，筆者認為這代名詞是指基督，而不是上帝。

4.2 保羅為信徒而勤奮（二1～5）

在這話題結束之前，保羅再次申明他為信徒勞苦的原因。保羅說「我要你們知道……」（*thelō gar humas eidenai*），這句子原文可以譯作「因為我希望你們知道……」。保羅言詞懇切，表達了他對歌羅西教會誠心的期望。保羅不但希望歌羅西教會，也希望「**老底嘉**人」、「沒有與我〔保羅〕見過面的人」都知道他所期望的事。保羅在此特別提到老底嘉的人，原因可能是這城是在歌羅西附近，而歌羅西城的人與這城的人有聯繫。老底嘉的教會不是由保羅所建立的。保羅又提到他素未謀面的人，為要讓歌羅西教會知道，他關注任何教會的需要，即使那些教會不是他親手建立的。保羅在此提出兩個為信徒勤奮的原因（二1～4）。

老底嘉位於歌羅西城西北約十一公里，兩地非常接近。

一、盼望教會認識上帝的「奧祕」(二 1～3)

保羅又說他為這些教會「勤奮」(*agōna*)。「勤奮」的原文亦可以譯作「掙扎」，這譯法比「勤奮」更顯出當中的勞苦。保羅從沒有與歌羅西教會的信徒接觸，何以他會為他們而掙扎？鮑維均參考一章 27 至 29 節的內容，認為保羅有掙扎，是因為他要盡心竭力地向外邦人傳揚上帝的道。保羅付上如此大的努力，是盼望歌羅西的信徒認識上帝的「奧祕」。這「奧祕」就是基督(二 2)。保羅在一章 26 至 27 節亦提到「奧祕」(參 4.1.2.2「因作教會的僕役而受苦〔一 25～29〕」，頁 97～99)，用來形容教會及外邦人，但在這裏，保羅明顯是用以指「基督」。究竟哪一個才是奧祕呢？這就要從保羅的宣教論中找答案。保羅的宣教論結合了教會論和基督論。⑩ 若從書信的上文下理來看，他所說的奧祕其實頗為簡單。教會的存在，總有它的見證以及信徒的增長，正如 2 節所說「為要使他們〔指信徒〕的心得安慰，因愛心互相聯絡，以致有從確實了解所產生的豐盛」。這樣，非信徒便可以從教會看見基督。教會是要將看不見的基督展現出來，這樣的觀點與哥林多前書的「教會肢體論」(Church Body)融合。教會的整體見證就是要讓非信徒看見教會如何順服教會的元首——耶穌基督。保羅這麼努力，為的是使教會有更大、更美好的見證。當我們將宣教論、教會論和基督論結合起來，看二章 3 節「在他裏面蘊藏著一切智慧和知識」的時候，就會發現當中有很大的含意。

「智慧」再次在經文中出現。按一章 9 節的解釋，這「智慧」不是指從人間而來的那種，而是來自聖靈的，而且不是人自身所能擁有的(參 2.3.1「保羅的祈求〔一 9〕」，頁 48～49)。「知識」(*gnōseōs*)這詞在歌羅西書只出現一次，而「智慧」或「知識」這兩個詞經常在保羅書信中出現，只是，「智慧和知識」這樣併在一起的配搭，在保羅書信中只出現兩次（參羅十一33）。這樣的表達方式表示了一切從聖靈而來的智慧及一切有關上帝的知識都在基督裏面「蘊藏著」，這一切所隱藏的便是「奧祕」。一章26節所講的「奧祕」是指一件猶太人認為難以理解的事情：外邦人歸信基督；在二章3節所指的「奧祕」，是指所有關於上帝的事。這「智慧」仍「蘊藏著」的，意味基督的豐盛仍待發掘，而基督體現了上帝的智慧。德席爾瓦（D. A. DeSilva）曾指出，早期基督教對耶穌的先存性及他的言行的反思，是受惠於猶太人對希伯來聖經有關智慧的形象之描述。希伯來聖經將智慧人格化，這智慧先存於所有受造物（箴八25），又參與上帝的創造工作（箴八27～30），並且住在人世間（箴八31）。德席爾瓦提出保羅是從「智慧基督論」（Wisdom Christology）的討論來建立他的神學理論。⓫保羅亦進一步把這神學理論推展至傳福音和宣教的層面上。我們可以從哪裏發現這「奧祕」呢？答案是：教會。歌羅西教會是由猶太人及外邦人組成，他們成為基督的身體。保羅分別在一章23節和二章4節說明這「奧祕」的意思。保羅期願歌羅西教會「滿有一切屬靈的智慧和悟性」（一9），暗示歌羅西教會是基督智慧的具體表現。教會整體的教導和工作，使世人更能看見耶穌的偉大。保羅同時代出現的猶太著作，都認為上帝偉大而神聖的智慧是在來世或在天上才會出現（參「以諾一書」〔*1 Enoch*〕48.1, 49.1～3）。保羅藉著他的使命，清楚顯示在基督裏「蘊藏著一切智慧和知識」並非遙不可及，因為神的智慧——基督已到來，並且在外邦人之中建立教會；這就可以作為明證。現在，一切隱藏的智慧和知識的寶庫都在教會裏。猶太人終末觀裏所指的終末時刻已經臨在今天日逐漸成長的教會。只是，因為猶太人的終末觀裏根本就沒有這種觀念，所以保羅看此為「奧祕」。溫司卡解釋加拉太書三章28節時指出，保羅將本來只屬於猶太人的信仰變成「普世信仰」，是根據加拉太書三章28節和歌羅西書三章11節普世福音的原則而來的。許多人經常誤以為基督教是西方國家或殖民社會的信仰，溫司卡卻認為保羅的觀點原來就是普世的。⓬ 源於猶太教的基督教，藉著保羅的事工和世界觀已成為普世的福音。外邦人的教會現正坐在重要的位置上，為基督作見證。三章11節提到「未開化的人」和「西古提人」，這組詞彙的對照足可打破了這節經文兩極分法的格式（參5.2.3.2「不活在地上的罪裏〔三5～11〕」，頁142～143）。這格式顯示基督奧祕所涵蓋的廣度，他甚至住在這兩類未得之民當中。⓭

簡言之，保羅透過這段經文講述一個富有的恩庇者的故事。這位恩庇者就是基督，他聘請保羅作他的管家，吩咐保羅將家中的財富分配給受恩庇者——外邦人。在分配財物上，恩庇者有一個條件，就是凡想要得財富的受恩庇者，必須住在恩庇者家中，並認信這位恩庇者為他們的主人。為了使那些受恩庇者進入這家，管家便要四出尋覓受恩庇者，呼喚他們進入主人的家。

二、盼望教會不受異端的迷惑（二4）

保羅勞苦，是因為有人用「花言巧語迷惑」教會信徒。當有人提出基督的超越性這神學理論，同樣地，也自然會有相反的理念和構想出現，以作反駁。歌羅西教會當時很可能不斷受到其他的理念衝擊，而保羅仍未為基督的信仰建立一個穩固而扎實的教義；在這情況下，另類的教義很容易便成虛而入。保羅形容這類的教導為「花言巧語迷惑」人的。換言之，這類的說話是動聽的、浮誇的，甚至可能是帶欺騙成分的。辭令動聽或許有助明白論點，但說話者若動機不正確，便很容易誤導聽者。對保羅的受信人而言，他們視修辭為學問最高的層次。畢竟，學習修辭是羅馬精英分子取得學術成就前的最後一步。在講究詞藻的文化裏，辭令是迷惑人的工具。辭令是成功的竅門，但也容易陷入「詭辯」之中。保羅吩咐歌羅西的信徒要小心，要帶著批判的精神來看待所學習的，這樣，才能分辯，並存警醒的心去領受不同的教導。從保羅的觀點來看，他的心意是鼓勵信徒不斷加強對上帝的忠誠，並且以這樣的忠誠來推動上帝的工作。這看法跟基督為首的主題也是一致的。

保羅提出兩個為信徒勤奮的原因之後，他說出對教會的讚賞（5節）。保羅形容歌羅西教會為「循規蹈矩」的，因此，保羅所提及信徒應做的事，他們也應該做到了。如今，保羅再次提醒他們，縱使他們已經做了應做的事，也不能因此而停下來，反而更要持之以恆。保羅又肯定他們「對基督的信心也堅固」，表示了歌羅西教會不但受教，而且在生活中將信仰活現出來。保羅指他們要「循規蹈矩」，也不只為要求他們有一個更美好的信仰生活，他更希望他們因為「循規蹈矩」以致「信心也堅固」，這種「堅固」是為抵禦當時潛在於小亞細亞一帶信徒羣體中間的異端。再者，他們信心「堅固」的表現，成為上帝「奧祕」的見證人，藉此吸引其他仍未得到這福音的人歸信基督。

信仰反省

非信徒批評教會裏的人品行表裏不一。對信徒而言，這樣的批評實在令人難以接受。在保羅心裏，進步的目標不只是表面上人數增長，而是在品德上達到真正的聖潔。他期望教會以追求聖潔為目標，而教會也應逐步邁向聖潔，這目標是所有教會必須牢記的。保羅希望教會能在知識上和德行上有所改進。人一切心裏所想的、內裏的意識形態都應順服在基督之下，一切的行動也要向上帝負責。教會受到教外人的指責和批評，這除了反映世人有評論教會的權利，同時亦反映他們關注教會在社會的角色，表示教會是存在於社會中間。從信徒的角度看，他們要經常在生活上有好的表現，是一件很困難的事；即使如此，保羅仍然期望教會能融入非信徒中間。假如教會與世界分割，就不能對社會有正面的影響。教會必須讓世人知道，信徒其實正向著聖潔的方向走，而不是經常在德行上出問題。反之，信徒卻要批判這世界的人的行事，所以，教會要言行一致。這樣，不管這不信的世界是否認同教會的教義和教導，也不能否定教會的確是與眾不同、無可指責的。

我們可以假設：「如果耶穌沒有死，我們又會怎樣呢？」答案很簡單。上帝與人、人與人之間是不可能和好的，人也無法常常活出合乎道德標準的生活。基督在十架的犧牲，不但使人能夠與身邊的萬事萬物復和，更復興了萬物。耶穌代罪犧牲讓我們得到信徒的身分，而信徒是要倚靠這十字架的能力改變自己。保羅從他的宣教事工上表彰了這十架的大能，無論是歌羅西還是其他教會，所有信徒也要這樣做。

我們應該學效保羅的事奉。他形容事奉是「勞苦」和「盡心竭力」的，所以事奉原就是很費力的。有些信徒對教牧同工的日常生活很好奇。我有一位好朋友，是教會的執事，打算用一天時間留在他的牧師身邊，看看有沒有可幫忙的地方。事後他跟我說，他絕對不適合當牧者。許多牧者每星期開始都會好好計劃一週的工作，但總是不斷有其他事情鑽出來，例如：會友離世、有人因病入院、會友家庭出現糾紛，需要輔導等等。這些突發事件足以令牧者本來計劃要幹的事打岔，他們經年累月也是這樣的工作。許多行業都有常規，但牧師卻沒有。這正好是保羅所說的事奉的寫照，擔子沉重，掙扎極大。我們讀保羅書信之時，必須學習這現實的功課。不過，令人稍感安慰的是，上帝賜予保羅和所有事奉的信徒所需的力量，去應付令人疲累的事奉。

保羅的觀點頗能刺激信徒的思維。他提到的「花言巧語」（二4），頗適切我們今天的情況。我們活在全球化的年代，許多政客和企業的高層甚至聘請形象顧問，使他們的儀表看起來更出眾，更得人敬重，更有影響力。在我們身處的社會文化裏，擁有高等學歷的人比靠勞力工作的人更備受尊重。這種文化價值觀很容易使我們受蒙蔽，沒有審慎評估各樣教導的能力。不過，保羅不是要求我們對那些曾受高深教育、樣貌出眾和口齒伶俐的人一律抱著批判的態度，而是要信徒鑒定何謂真正的智慧與知識。任何的知識，無論如何實用，說出來有多大的說服力，若內容違反了基督的真理，教會就應分外警醒。信徒要接受裝備，使自己既能夠與本土文化保持密切聯繫，又不致失掉信心。今天仍有不少信徒以「簡單的福音」為藉口，忽略了需要學習更為高深的神學和聖經知識。保羅的福音是簡單而直接的，但絕不簡化。信徒要採納保羅在牧養工作上的看法，建立起既有行為又有知識的教會文化。否則，教會的存活就會受到威脅。真正渴望以基督為主的教會，絕不能忽略保羅的看法。不然的話，這「奧祕」就再也不被看見了。

細察保羅的用詞和語調，便可以發現他是發出提醒而不是告誡，因為歌羅西的信徒已作了應作的事，只是保羅期望他們更進步。任何信徒都不應停留在眼前的勝利，教會也絲毫不應停留在已取得的成功上，就如健康的教會不應以健康為榮。保羅不希望有人因一時的成績而沾沾自喜。即使整個教會，正如歌羅西教會表現不俗，會眾也必須不斷進步。有生命的教會容不下自甘平庸的信徒。

釋經短註

❶ 有關副詞 *nun* 及連接詞 *kai* 作為兩個主題的分段標記，可參 David W. Pao, *Colossians and Philemon: Zondervan Exegetical Commentary on the New Testament* (Grand Rapids, MI: Zondervan, 2012), 120～121。

❷ T. J. Lang, "Disbursing the Account of God: Fiscal Terminology and the Economy of God in Colossisans 1,24~25," *ZNW* 107 (2016): 120～135.

❸ Adele Yarbro Collins, "The Reception of Paul's Apocalyptic Eschatology in the Letters to the Colossians," *Svensk Exegetisk Årsbok* 76 (2011): 31～32.

❹ Jerry L. Sumney, " 'I Fill Up What Is Lacking in the Afflictions of Christ': Paul's Vicarious Suffering in Colossians," *CBQ* 68/4 (2006): 664～680.

❺ 有關跨種族的福音這論述，可參 Denise K. Buell and Caroline J. Hodge, "The Politics of Interpretation: The Rhetoric of Race and Ethnicity," *JBL* vol. 123 (1 July 2004): 237～238。

❻ 按布厄爾及霍奇（Denise K. Buell and Caroline J. Hodge）的觀點，保羅從沒有促使外邦人成為猶太人，也沒有勸籲外邦人放棄作希臘人的身分。保羅認為外邦人悔改是奧祕，因為這對猶太人而言，是一件不可思議的事情。是的，外邦人從前被隔絕和沒有能力，現在卻滿有能力地彰顯基督。Buell and Hodge, "The Politics of

Interpretation,” 249。

❼ Lang, “Disbursing the Account of God,” 119.

❽ 將 *teleion* 譯作「完全、完成」的英文譯本有：KJV（*King James Version*）、ERV（*English Revised Version, 1885*）、ASV（*American Standard Version, 1901*）；CJB（*Complete Jewish Bible, 1908*）譯作 “reached the goal”，其意思與「完全、完成」相近。譯作「成熟/完全成熟」的英文譯本有：ESV（*English Standard Version,* 2011）、NET（*New English Translation,* 2005）、NIV（*New International Version,* 2011）。從以上資料顯示，較近代的譯本傾向將這詞譯作「成熟/完全成熟」。

❾ 有關雅博特（T. K. Abbott）對「要把各人在基督裏完完全全地獻上」這句子的詮釋，可參 T. K. Abbott, *A Critical and Exegetical Commentary on the Epistles to the Ephesians and to the Colossians*, ICC (New York: C. Scribner's Sons, 1909), 236。

❿ 將保羅的宣教論結合教會論和基督論的說法，跟賴德（G. E. Ladd）的看法不一樣。賴德認為「基督在你裏面」表示，基督住在每一位信徒的心裏；不過，保羅所關心的卻是全體信徒。賴德的主張在某些釋經學者當中頗為流行，他們多數生活在較為高舉個人主義的社會，因而塑造了今天教會對保羅的主流想法。G. E. Ladd, *A Theology of the New Testament* (Grand Rapids, MI: Eerdmans, 1974), 392。

⓫ 有關德席爾瓦（D. A. DeSilva）對「智慧基督論」（Wisdom Christology）的討論，可參 D. A. DeSilva, *An Introduction to the NewTestament: Contexts, Methods and Ministry Formation* (Downers Grove, IL: IVP; Leicester, England: Apollos, 2004), 695。

⓬ 有關溫司卡（Sze-kar Wan）的論點，可參 Wan S. K., “Does Diaspora Identity Imply Some Sort of Universality? An Asian-American Reading of Galatians,” in *Interpreting Beyond Borders*, The Bible and Postcolonialism 3, ed. Fernando F. Segovia (Sheffield: Sheffield Academic Press, 2000), 117。

⓭ 馬丁（Troy Martin）認為雖然從「未開化的人」及「西古提人」這個對照去理解保羅兩極分法的組合是重要的，但若要找出這個對照的背後原因，卻似乎不大可能。出現這情況的合理原因，很可能來自口述和寫作時在修辭上所產生的出入而來。這裏出現「未開化的人」及「西古提人」的對照，很可能是因為抄寫與背誦之間出現了遺漏。詳細討論可參 Troy Martin “The Scythian Perspective in Col. 3.11,” *NovT* vol 37/4 (1995): 249～261。

溫習及思考問題

1. 一章24至29節出現多少個與受苦相關的字眼？試將之列出。這段經文是由哪兩個主要的動詞主導著？它又與哪兩個介詞一起成為分段的標記？
2. 保羅在這段經文期望帶出的是哪兩個主題？本段跟保羅在問安中提到寫這封信的主要目的有甚麼關係？
3. 保羅所說「為你們受苦」（24節）是否暗示了他曾為歌羅西教會受過苦？為何保羅會認為受苦是一件「快樂」的事？這「受苦」與「快樂」對你有何意義？
4. 保羅所說他的受苦是為「補滿基督未盡的苦難」，這是否暗示基督仍未完成救恩的工作，需要保羅來「補滿」？保羅既沒有建立，也沒有踏足過歌羅西教會，他如何作教會的僕役？今日教會是否仍需要「補滿基督未盡的苦難」？
5. 「補滿」與「完滿」這兩個詞帶著甚麼意思？在這段經文裏，這兩個詞如何互相呼應？試詳細作說明。你認為怎樣才可以將基督的福音「完滿」地傳講？
6. 一章26至27曾兩次出現「奧祕」這詞。這兩次的出現如何巧妙地以扇形結構來串連整段經文。保羅所指的「奧祕」在這裏包含哪兩個不同的意義？保羅為甚麼要將外邦人教會與奧祕相連？
7. 一章28節有重複出現「各」這形容詞達三次，它有何特殊意義？
8. 「勸戒」和「教導」這兩個詞有何分別？保羅是以「諸般的智慧」來作「勸戒」與「教導」，至終有何目的？今日教會應如何達成保羅所指的「勸戒」和「教導」？
9. 保羅所指要將各人「完完全全地獻上」的「完完全全」是指甚麼意思？「獻上」又是指甚麼？試想想在本週可以怎樣在教會應用保羅對事奉的主張？
10. 保羅為歌羅西教會勤奮的原因何在？保羅所指歌羅西教會要「對基督的信心也堅固」，最大的目的是甚麼？你認為自己可以做哪一件事情，而有助教會整體的健康？

第二篇

信徒的生活方式

（二6～四18）

在二章6節，保羅說：「既然你們接受了主基督耶穌，就要靠著他而生活。」這種語氣的表達與以弗所書四章1節「我為主作囚徒的勸你們，既然蒙召，行事為人就要與你們所蒙的呼召相稱」相似（另參羅十二1）。這種表達看似一個分水嶺，將之前與之後的內容分開。

一章1節至二章5節的內容主要是論及基督教教義，保羅說明了基督在普世的事工，以及保羅自己如何與基督配合一起事奉。在接著的經文，「既然你們……就要靠著他而生活」這種表達方式，是保羅寫信的特色。在他的書信裏，書信的前部分，往往都是先講論一些教義，然後再作一些生活教導。在歌羅西書裏，保羅生活教導的部分，可從兩大方面討論：面對外在的異端（二8～三11）、面對家中的成員（三12～四1）。在書信的結尾，他以一個勸勉及問安來結束（四2～18）。

這段經文出現五個 *oun*（「和修版」將它譯作「既然/所以」；二6、16，三1、5、12）。第一個 *oun* 是將接著的內容連至上一部分的言論，表示因著上文的言論，而作出接著的一些勸勉。嚴格而言，第一個 *oun* 是將上文連接至二章6節至四章6節的內容。第二至四個 *oun* 所帶出的內容是針對異端而言，而第五個 *oun* 則是提及對待家裏的人應有態度。

除了五個連接詞，這部分有另一個特色，就是它包含了三十個命令語氣的動詞，第一個命令語氣動詞「生活」（*peripateite*）亦是整卷歌羅西書第一次出現的命令語氣動詞。由此可見，由二章6節開始，保羅表達的語氣有所改變。保羅在一章21節至二章5節所用的語氣頗為描述性，而接著的卻像一位良師教導所愛的學生一樣。保羅這樣表達，其原因是他知道歌羅西的信徒的世界觀與他們身處社會的世界觀截然不同，他有需要在此作一些嚴肅的生活教導。

第五章

面對異端

（二6～三11）

- 對信徒在生活上的勸勉
- 面對異端

經文

2 6既然你們接受了主基督耶穌，就要靠著他而生活，7照著你們所
領受的教導，在他裏面生根建造，信心堅固，充滿著感謝的心。
8你們要謹慎，免得有人用他的哲學和虛空的廢話，不照著基督，而是
照人間的傳統和世上粗淺的學說，把你們擄去。9因為上帝本性一切的
豐盛都有形有體地居住在基督裏面；10你們在他裏面也已經成為豐盛。
他是所有執政掌權者的元首。11你們也在他裏面受了不是人手所行的割
禮，而是使你們脱去肉體情慾的基督的割禮。12你們既受洗與他一同埋
葬，也就在此禮上，因信那使他從死人中復活的上帝的作為跟他一同
復活。13你們從前在過犯和未受割禮的肉體中死了，上帝卻赦免了你們
一切的過犯，使你們與基督一同活過來，14塗去了在律例上所寫、敵對
我們、束縛我們的字據，把它撤去，釘在十字架上。15基督既將一切執
政者、掌權者的權勢解除了，就在凱旋的行列中，將他們公開示眾，
仗著十字架誇勝。16所以，不要讓任何人在飲食上，或節期、初一、安
息日等事上評斷你們。17這些原是未來的事的影子，真體卻是屬基督
的。18不要讓人藉著故作謙虛和敬拜天使奪去你們的獎賞。這等人拘
泥在所見過的幻象，隨著自己的慾望無故地自高自大，19不緊隨元首；
其實，由於他全身藉著關節筋絡才得到滋養，互相聯絡，靠上帝所賜
的成長而成長。20～21既然你們與基督同死而脱離了世上粗淺的學說，
為甚麼仍像生活在世俗中一樣，去服從那「不可拿、不可嘗、不可摸」
等類的規條呢？22這些都是根據人的命令和教導，論到這一切都是一
經使用就都敗壞了。23這些規條使人徒有智慧之名，用私意崇拜，自表
謙卑，苦待己身，其實在克制肉體的情慾上毫無功效。

3 1所以，既然你們已經與基督一同復活，就當求上面的事；那裏有
基督，坐在上帝的右邊。2你們要思考上面的事，不要思考地上的
事。3因為你們已經死了，你們的生命與基督一同藏在上帝裏面。4基

督是你們的生命，他顯現的時候，你們也要與他一同在榮耀裏顯現。
[5]所以，要治死你們在地上的肢體；就如淫亂、污穢、邪情、惡慾和貪
婪—貪婪就是拜偶像。[6]因這些事，上帝的憤怒必臨到那些悖逆的人。
[7]當你們在這些事中活著的時候，你們的行為也曾是這樣的。[8]但現在
你們要棄絕這一切的事，就是惱恨、憤怒、惡毒、毀謗和口中污穢的
言語。[9]不要彼此說謊，因為你們已經脫去舊人和舊人的行為，[10]穿上
了新人，這新人照著造他的主的形像在知識上不斷地更新。[11]在這事上
並不分希臘人和猶太人，受割禮的和未受割禮的，未開化的人、西古
提人、為奴的、自主的；惟獨基督是一切，又在一切之內。

這一章主要的內容分為兩部分作討論。第一部分經文是兩節轉接經文（二6～7），作為保羅開始他勸勉的內容。第二部分的經文內容以勸勉歌羅西教會如何面對異端為主（二8～三11），比其他勸勉的經文較長，表示保羅鄭重其事。這段經文有四個 *oun* 連接著；其中用了十二個命令語氣動詞來描述保羅所勸勉的內容。

5.1 對信徒在生活上的勸勉（二6～7）

這節經文以「既然……」（*oun*；6節）這連接詞開始。從「和修本」的翻譯看，靠著耶穌而生活似乎頗為無奈。按原文，*oun* 亦可以譯作「因此/所以」（參 NET, NIV, NRSV），若是如此，這連接詞可以引入一個原因/結果的句子：「因為你們接受了耶穌，所以你們就要靠耶穌而活」。「生活」（*peripateite*）是一個帶命令語氣的動詞，而且是不帶條件的。所以，「為耶穌而活」是每一個「接受了主基督耶穌」的信徒必須行的事。

按字面意思，「生活」的原文亦可以解作「行」。「行」象徵遠遊，在「行」的過程，遠行者要為自己定方向、路線，以及所需攜帶的裝備。歌羅西的信徒遠行的方向是「基督耶穌」，他們以基督為「主」，表示他們遠遊的路線是由導賞者——耶穌——為他們訂定，並且由他帶領著。換言之，生命的方向應由耶穌來掌管。信徒要有這種生命方向，是有兩個原因：

一、信徒已接受基督（6節）

當歌羅西的信徒接受了耶穌為主，便當按信仰的傳統而「行」。這裏所指的「接受」（*parelabete*），跟福音派教會所謂「接受耶穌進入你心裏」的觀念不同。筆者並不是說「接受耶穌進入你心裏」這觀念是錯誤的，而是要指出我們不能以這觀念來解讀保羅所指「接受」的意思。「接受」這動詞的意思是「接納一些事物/人」，而保羅所指被接納的對象是耶穌。當歌羅西教會「接受了主基督耶穌」，就是指他們承認了耶穌為主，並讓耶穌為歌羅西教會釐定生命的方向。

二、信徒要成長（7節）

保羅接著又說：「照著你們所領受的教導，在他裏面生根建造，信心堅固，充滿著感謝的心。」保羅在這節經文中用了三個分詞：「生根」（*errizōmenoi*）、「建造」（*epoikodomoumenoi*）、「堅固」（*bebaioumenoi*）。這三個分詞都是以被動式表達，表示了這三個行動都不是歌羅西教會自發的；而其中的**「生根」、「建造」**這兩個象徵性的詞語是用以形容教會的成長。「生根」（*errizōmenoi*）是以完成時態分詞表達，表示「生根」是一件已在過去完成的事，使之完成的可能是以巴弗或上帝。「建造」和「堅固」是現在式分詞，表示這行動仍在持續進行中。這兩個行動很可能是指因著保羅的牧養支援使然，或更有可能是指由上帝親自「建造」和「堅固」，而行動仍不斷在進行中。從這角度看，保羅寫信給歌羅西教會也是一種「建造」的工作。教會的根基早已被建立，如今要繼續被「建造」和「堅固」。然而，教會能夠被「生根」、被「建造」、被「堅固」，其重點在於「在他〔基督〕裏面」，所以若離開了基督就不能成事，即使教會被建立，可能只是出於人意或有異端思想滲入，而不是屬於基督的教會。此外，6至7節出現了兩次「你們」，表示被「生根」、被「建造」、被「堅固」不是個人的事，而是教會整體的事。保羅再次打破救恩是屬於個人事情的觀念。

「生根」、「建造」也可以看為是一個象徵性的詞，因為建築物也需要有根基（〔生根〕）。

5.2 面對異端（二 8～三 11）

這段經文開始了保羅第一個生活教導，相比於家訓（三 12～四 1），第一個教導所用的篇幅較長。此外，這段經文共出現八個命令語氣動詞：「謹慎」（*blepete*；二 8）、「評斷」（*krinetō*；二 16）、「奪去」（*katabrabeuetō*；二 18）、「求」（*zēteite*；三 1）、「思考」（*phroneite*；三 2）、「治死」（*nekrōsate*；三 5）、「棄絕」（*apothesthe*；三 8）、、「不要……說謊」（*mē pseudesthe*；三 9）。由此可見，保羅非常重視異端的滲入。若教會沒有好好正視此問題，教會信仰的根基也會因而倒塌。

筆者以「面對異端」這議題，將這段經文分為四個分題作討論（有關歌羅西教會所面對的問題，可參 1.5.1「歌羅西教會所面對的問題」，頁 15～17）：認識救恩是面對異端的最佳方法（二 8～15）；謹慎面對異端對信徒生活的影響（二 16～23）；更新自己的生活（三 1～4）；要嚴厲對付罪（三 5～11）。至於這段經文的八個命令語氣動詞將會置放於這四個議題內作討論。

分段大綱（二 8～三 11）

一、認識救恩是面對異端的最佳方法（二 8～15）
　1. 知道異端的面貌（二 8）
　2. 重提基督的本質（二 9～12）
　3. 重提得救的途徑（二 13～15）
二、謹慎面對異端對信徒生活的影響（二 16～23）
　1. 不要隨從異端的生活行為（二 16～19）

2. 從粗淺的學說中釋放出來（二 20～23）
三、更新自己的生活（三 1～11）
1. 多思考上面的事（三 1～4）
2. 不活在地上的罪裏（三 5～11）

5.2.1 認識救恩是面對異端的最佳方法（二 8～15）

這段經文出現的第一個命令語氣動詞是「謹慎」（*blepete*；二 8），字面意思是「看」。究竟保羅勸勉歌羅西教會要「看」甚麼？保羅要求教會要看著有沒有傳異端的人滲入教會，將信徒「擄去」（8 節）。由一章 1 節開始，至二章 7 節止，保羅一直暗示教會出現異端之説，至此，保羅毫不避諱地用很長的篇幅來討論此事。保羅先指出這些異端的面貌（8 節），然後重提基督的本質（9～12 節）及得著救恩的途徑（二 13～15），以此激發他們去面對異端。

5.2.1.1 知道異端的面貌（二 8）

保羅形容「你們要謹慎，免得有人……」（*blepete mē tis humas estai ho sulagōgōn ...*）可直譯為「要看著，如此便沒有一個擄走你們的人出現……」，原文在此有一個否定助詞「沒有／不」（*mē*；另參 **NIV 的翻譯**）出現。「擄去」（*sulagōgōn*；亦有「操控」的意思）這動詞是描述一個獵人以暴烈的動作把一件獵物拖走。保羅使用這詞，是將假教師的行動形象化。他看假教師迷惑信徒離開基督信仰，有如獵人把獵物猛力拖走般。保羅要保證沒有人

NIV 的翻譯：“See to it that no one takes you captive ...”。

把信徒擄去。這些擄人的，他們所説的一套「哲學」有兩種特色：

一、是「虛空的廢話」

「哲學和虛空的廢話」（*tēs philosophias kai kenēs apatēs*）這希臘文短語裏，「虛空」（*kenēs*）是形容詞，在文法上與「哲學」及「廢話」都是陰性、所屬格、單數人稱。若按希臘文文法中的「夏普結構/規則」（Granville Sharp Construction/Rule），這短語可直譯為「虛空而騙人的哲學」（參 **NIV 的翻譯**）。❶ 從文法角度看，NIV 的翻譯在文法上十分準確。「虛空而騙人」是進一步説明那些擄走歌羅西的信徒的人所教導的道理之特點，也點出當時歌羅西一帶的哲學（理學）是空洞的。保羅認為這些教導不但沒有實質內容，而且誤導人。保羅稱這些教導為「哲學」，可能是一種諷刺手法。德馬理斯（Richard E. DeMaris）指出保羅使用「哲學」一詞，是有其用意。他列舉證據指出在希臘的語言文化裏，「哲學」（*philosophias*）與「智慧」（*sophia*）是同義的。若應用在當時的處境，這兩個詞在根本意義上，都有相同的希臘文化背景和主題。若再推論，保羅所指的，是那些受希臘文化影響的猶太教。那麼，保羅所責備那些擄人的人，應該是受了希臘思想影響，而又將這種思想用來詮釋基督信仰的猶太人。❷ 事實上，在當時的猶太教中間也不難找到相似的言行。也許假教師自稱他們所教導的為「哲學」，但保羅斥之為「虛空」，隨即將他們的教導貶抑得一文不值。

NIV 的翻譯：“hollow and deceptive philosophy”。

二、是「照人間的傳統和世上粗淺的學説」

保羅繼而談到這套「哲學」另一個特點，就是「照人間的傳統和世上粗淺的學説」來代替基督。這到底是甚麼意思呢？「人間的傳統」暗示了這套「哲學」不是新近興起的，而是有其歷史背景，且由一代又一代地承傳下來的。這套「哲學」也是由人創建出來，是沒有任何宗教意味的。許多學者相信這些遺傳是來自猶太信仰傳統。這套「哲學」到底是否指猶太人的「哲學」，就要看怎樣理解「世上粗淺的學說」這用語了。「世上粗淺的學說」（*ta stoicheia tou kosmou*）在新約聖經共出現三次（二8、20；加四3），在歌羅西書共有兩次，反映了這是保羅的用語。在保羅的時代，「世上粗淺的學說」這用語富有哲學和宗教的意味，讀者難以從中英文的譯本看出這方面的含意。筆者將不同學者對這用語的解釋，綜合為以下六種：

- 伯沃夫（Hendrikus Berkhof）認為保羅借用了異教神話的用語，來表示人與上帝隔絕的原因（參一21）。❸
- 凱爾德（G. B. Caird）認為保羅所指的是：因為人類墮落而敗壞了的律法和自然規律。❹
- 巴爾特（Markus Barth）與布蘭克（H. Blanke）認為這只是當時用以指組織架構的常用詞。他們認為以這用語來指涉某種超自然狀態是過時的做法。他們認為以這詞來指相當於現代人所稱之為組織架構、法律、自然的定律、進化、歷史、社會、精神和理性等，是較為合理的做法。所以，他們認為保羅使用這短語時，是指有關國家和政府的學說。然而，這兩位學者的解釋未必令人滿意。❺
- 鮑會園認為保羅在此是指有關律法的基本教導，例如：飲食的律例。❻ 鮑會園的看法可能是合理的，但這樣的思路很可能排除了這套「哲學」背後有提到天使（或鬼魔）的教訓及力量。
- 洛斯（Eduard Lohse）認為這裏所謂的「學說」，是指所有神怪的風俗。他們有如此的「學說」，是因為他們不認識獨一真神，若用今天的話來說，那就是指「迷信」。❼

- 阿諾德（Clinton E. Arnold）認為這是指猶太信仰傳統中，有關天使和鬼魔（例：米迦勒、拉斐爾、魯貝爾〔Rubel〕、納里爾〔Nariel〕等）的學說。他將這種學說描述為教導人魔法的，包括運用天使的名字唸咒。❽

根據保羅曾在此書信裏提及教會內有人「敬拜天使」（參二18），「世上粗淺的學說」很可能就是指有關天使的學說。在小亞細亞一帶地區，佩戴吉祥物當作飾物的風氣頗為盛行。❾ 人很多時候在遇到不如己意，不能控制的事情，便傾向投靠靈界的超自然力量；並且，他們向靈界祈求也是很普遍的狀況。這些靈界物體也許與天使有關。「世上粗淺的學說」不是保羅寫歌羅西書的專用詞，這反映了拜天使在當時也很流行。

5.2.1.2 重提基督的本質（二9～12）

略為提及異端的一些情況後，保羅重提信仰的核心內容。在9至12節，他再次談及基督的本質。這段落由兩個主題牽引著：因著基督裏面的豐盛，歌羅西教會「在他裏面」也成為豐盛（9～10節）；因著基督的權柄，歌羅西教會「在他裏面」有更新的禮儀（11～12節）。

一、在他裏面成為豐盛（二9～10）

保羅在一章19至20節已提及「豐盛」（參3.2.2「基督的豐盛〔一19～20〕」，頁75～77）。在9節，「居住在」（*katoikei*）這動詞是以現在式主動直説語氣表達，表示上帝的「豐盛」一直都在基督裏面。10節的「豐盛」（*peplērōmenoi*）是以一個完成式被動分詞表達，其意思是指在基督裏的教會早已得著基督的「豐盛」。現在式動詞「居住在」及完成式分詞「豐盛」表達了一個很重要的信息：上帝一切的「豐盛」早已存在於教會裏面，而且是一直持續不變地的，所以在基督裏面的教會也「已經成為豐盛」。有學者如布克韋爾(Ben C. Blackwell)認為初代教會將耶穌的身分看得如此獨特，是源於希臘式的智慧傳統，又或猶太式尊崇一位被封的聖人的觀念。⑩ 無論對耶穌這種高度尊崇的根源如何，保羅所使用指向基督裏面的神聖本質的用詞，提醒了歌羅西的信徒知道自己正經歷著耶穌的「豐盛」。從這兩節經文看，這位滿有「豐盛」的基督是「所有執政掌權者的元首」，因此，歌羅西的信徒必須相信基督已臨在於教會當中，所以教會也已經得著能力。值得注意的是，初代教會的信徒有正面對抗和攻擊來自靈界勢力的權柄，使徒行傳亦有很多這方面的例證(徒五3，八9，十六16～17等)；但是，保羅卻甚少鼓勵信徒直接對抗這種勢力。從保羅的角度看，教會見證了基督得勝死亡，他成了活現於教會的見證，也成了以基督為核心的正統教義和善行所結的果子。信徒生命的改變和教會的見證就是持續得勝的表現。基督在教會裏的一切「豐盛」，不但跟歌羅西時代「虛空」的哲學相反，而且還要超越它。教會的存在已經見證基督的得勝，而教會在基督裏已得以完全。就著這一點，信徒便有能力勝過一切勢力。教會的工作從來都不是從零開始，而是將信徒羣體所擁有的恩賜發揮得淋漓盡致。昔日的歌羅西教會因著保羅的教導而成長；只是，筆者慨歎的是，現今的教會卻不是如此。今日有多少的教會依然相信基督的豐盛其實已充滿教會？也相信上帝主權的臨在？教會所高舉的是人抑或上帝？教會必須為此警醒，要持守上帝在教會內的角色。

二、在他裏面禮儀得以更新(二11～12)

接著的內容，保羅某程度是將9至10節所指「上帝本性一切的豐盛都有形有體地居住在基督裏面」真實地展現出來。這種展現不只發生在個別信徒的層面上，更重要的是發生在整間教會中，成為教會整體的見證。讀者可以從保羅所用的字詞發現這些事實，例如：當保羅談論死亡與復活（二 13，三 3）、肢體與頭的連繫（二 19）、戰勝地上的肢體（三 5）、棄絕邪惡的事（三 9～10）等。

11 至 12 節出現三次代名詞「你們」，再次表明保羅重視羣體信仰的成長，也反映了教會作為一整個「身體」的觀念。「你們也在他裏面」證實了信徒整個羣體要在耶穌基督裏面，才可以讓每一個信徒「個體」擁有自己的身分。這裏提及兩個禮儀，一個是割禮，另一個是洗禮。11 節提及的割禮，是屬於舊約時代猶太人的禮儀，其背後的意義是記念以色列人與上帝所立的約。12 節像是洗禮時所宣讀的認信，假如將這段經文與其他有關洗禮教導的經文作比較（參羅六章），歌羅西書的這兩節經文就像教會洗禮教導的總結。

割禮是神聖的，是源於耶和華與亞伯拉罕之間的關係而定立的。然而，保羅卻形容這割禮不是「基督的割禮」，而是「人手所行的」。為何保羅有如此負面的描述？他又將割禮與「肉體情慾」連繫在一起，暗示保羅知道有些人利用割禮來滿足個人對宗教的要求。究竟保羅所指的「肉體情慾」是甚麼意思呢？NIV 將「肉體」（*sarkos*）譯作 "flesh"，並且在**註腳**中註明這 "flesh" 是指「罪性」（sinful nature）。NIV 的翻譯反映不到保羅在這節經文的意思。無可否認，保羅用「肉體」這詞時，亦可以帶有救恩論的含意（參羅七 18），但他在羅馬書七章 18 節所提及的「肉體」，是從個人層面而言；不過，保羅在歌羅西書談到除掉「肉體」的時候，極可能是指割掉包皮；

NIV 的註腳內容："In contexts like this, the Greek word for flesh (sarx) refers to the sinful state of human beings, often presented as a power in opposition to the Spirit; also in verse 13"。

這正是舊約時代以色列人在割禮上給「割除肉體」的定義。⓫ 保羅在歌羅西書用這詞，與羅馬書的情況不同，因為他是從立約的角度看這詞，並以一個羣體的層面來講「肉體」；所以，在歌羅西書，「肉體」是可以解作行割禮的儀式，那就是指「割包皮」。無可否認，在救恩論的前提下，「肉體」仍可以用來論及所有信徒的罪（參加五 16）；但是，筆者仍要再強調，歌羅西書這兩節經文談及的重點是在「聖約」這課題上（「約」是保羅監獄書信的重點，以弗所書有更多這方面的論述）。巴爾特與布蘭克評論這節經文的譯法時，也發現若將 *sarkos* 譯作「屬肉體的身體」（body of the flesh），會出現直譯上的困難。⓬「肉體」（或譯作「肉身的割禮」）這詞可以被看作從前分別猶太人和外邦人之間的標記，而這分別已藉著基督的犧牲拆除了。筆者承認 NIV 對 "flesh" 一詞的理解是有久遠的釋經傳統；並且在主流以救恩論立場來理解這個用詞和筆者的詮釋之間，也許還有一個相當的中間地帶。「肉體」可說是一個類比的象徵表達，顯示基督是不會要求外邦人在身體上行割禮。基督為外邦人所行的，是在道德上、意識形態上和屬靈的國度上為他們行了割禮，使他們也成為立約的子民。或許這就是新時代所立的聖約。如此看來，保羅並不是否定耶和華與亞伯拉罕所立的約，否則他不會使用「基督的『割禮』」這說法。保羅所指責的是那些扭曲割禮意義的人。他們以宗教禮儀來滿足一己的私慾。若此，保羅便是責備那些傳遞「虛空而騙人的哲學」的猶太人。這班人不但影響信徒的思想，也利用信徒所熟悉的宗教禮儀來迷惑他們。保羅要糾正信徒的觀念，指出真正的割禮是來自基督；這同時也表示上帝與祂子民所立的約，現在是在基督裏得以成就。基督不但引領歌羅西的信徒進入聖約裏面，也藉著立約的關係把他的恩典賜予信徒。

12 節提到「受洗與他一同埋葬，也就在此禮上，因信那使他從死人中復活的上帝的作為跟他一同復活」。承接著 11 節，保羅的話題從「割禮」轉到「受洗」，反映這兩者是互相關連的。保羅是借「割禮」的意義來引入「受洗」這議題。昔日猶太人以「割禮」來標誌他們與上帝的關係，到了保羅時期，有人卻利用這禮儀（甚或是利用以色列人與上帝的關係）來迷惑人。如今，保羅要求歌羅西的信徒思想的，是比「割禮」更深意義的「洗禮」。這節經文用了兩個不同的短語來描述信徒羣體與基督的關係：「與他一同埋葬」、「跟他一同復活」。有學者如韋德伯恩（A. J. M. Wedderburn）認為這是仿效基督生命的一種模式，他相信「與他一同埋葬」、「跟他一同復活」這兩個短語的焦點不是在死亡和復活，而是「一同」（*sun-*），這介詞前綴帶出了信徒與基督的關係。⓭ 若再參考 11 節，教會藉著「在基督裏」的關係確立了得贖的身分，也確認了恩典之約，而基督也是這約的中保。教會藉著與基督「一同……」得著了因這約的關係而帶給教會的恩典。歌羅西教會要更新他們的屬靈生命，要在基督裏成長，這正是保羅在引言中所期望的。

5.2.1.3 重提得救的途徑（二 13～15）

13 節繼續以「你們」作為保羅說話的對象（共出現三次），從 14 節的內容，便可以知道這「你們」是指外邦人。在 11 至 12 節，保羅提醒讀者有關耶穌的救恩；在 13 至 15 節，保羅提及的卻是讀者過去及現在的狀況。

一、過去的狀況（13 節上）

歌羅西的信徒從前是在「過犯」、在「未受割禮的肉體」中死去（13 節上）。「過犯」（*paraptōmasin*）的原文是一個複數名詞，表示「你們」

所犯不同的罪。「未受割禮」表示他們是外邦人。NIV 將「未受割禮的肉體」的原文翻譯為“uncircumcision of the sinful nature”，是極為誤導的（它依然將 flesh 看為 sinful nature）。若參考 11 至 12 節，保羅是從「約」的角度去解釋「割禮」。「割禮」就是以色列人與上帝立約的記號，所以，NIV 的翻譯失卻了「約」的色彩。從猶太人的角度看，外邦人因為沒有受過割禮，所以是被拒於上帝聖約之外。再者，NIV 的翻譯也只集中在個人的靈性上。雖然在保羅書信中，「個人**罪性**」的觀念頗為突出，但並不能一概而論地應用在所有處境當中，應考慮經文的文理。既然「你們」是指整體，保羅在歌羅西書就不是談論個人的罪性，所以，「過犯」也是指整個沒有立約的羣體而論。簡言之，歌羅西人從前「不是」上帝的子民！鄧雅各論述這段經文之時，雖然不是將重點放在誰的「過犯」之上，但他也不斷強調「整體」的觀念。⓮

即使是「過犯」這詞，NIV 也是針對個人所犯的罪，而忽略了經文中出現的「你們」。

當保羅提到「死了」的時候，似乎是指某類人。早期基督教傳統已有觀念認為，這裏的「死」是與終末的審判有關，表示教會與基督將會一起得勝。如此看來，這班「你們」從前是身陷罪中，且未受割禮，他們像死人一樣，但現在他們卻在基督裏活過來。因此，教會不只將人從外面帶進了聖約之內，同時也使人出死入生（即脱離終末的審判）。換言之，教會也是一個「出死入生」的羣體。

二、現在的狀況（13 下～15 節）

13 節下按原文的翻譯，它的次序是：「但上帝使你們與基督一同活過來，已赦免了我們〔「和修版」譯作「你們」〕一切的過犯。」這樣的次序與「和修版」不同。保羅在此提及上帝如今「使你們〔歌羅西的信徒〕與基督一同活過來」，「赦免了你們〔歌羅西信徒〕一切的過犯」。

人之所以「死」，是因為人的「過犯」；因此，解決了「過犯」便能解決「死」的問題，而解決「過犯」的方法就是「赦免」。然而，上帝的「赦免」不但使人不「死」，也使人「與基督一同活過來」。這羣歌羅西的信徒是外邦人，保羅這樣的説法，指出了上帝的「約」不單是為猶太人，也是為外邦人預備。這「約」不會受到地域、儀式或種族所規限。保羅這樣説是有其原因的。保羅是一位四處作旅行佈道的宣教士，因此，他會接觸到不少散居外地的猶太人。在宣教的時候，他很清楚知道昔日的猶太人信仰，已不足以應付當代信徒的需要。更重要的是，「復活」這觀念已在歌羅西的信徒心中呈現。因著這觀念，信徒生命發生改變。信徒這些改變證明了保羅的看法是正確的（參一 3～8）。

基督的被釘説明 13 節「赦免」的焦點。基督以死亡這個激烈的行為換取人的救贖。這救贖除了使人得到赦免，也「塗去了在律例上所寫、敵對我們、束縛我們的字據」（14 節）。「塗去」（*exaleipsas*）的原文是一個過去不定時式分詞；於讀者而言，這是一件已發生了的事情，但在他們收信那刻，這「塗去」的行動仍有其果效。這個「塗去」有可能是用來形容 15 節「基督既將一切執政者、掌權者的權勢解除了」，這是眾人明顯可見的。不過，若按照 NIV 的翻譯，「塗去」也可以用來修飾 13 節的「赦免」。由於 15 節的原文在開始之時，並沒有連接詞 *kai*（NIV 出現的 "And" 是譯者加上的），因此「塗去」的行動並沒有延伸至 15 節，它極可能是用來修飾 13 節的「赦免」。雖然它有可能將 14 至 15 節連繫起來，但筆者偏向接受它把 13 至 14 節相連，因為這樣的看法較為簡單直接。「赦免」是超自然和重價的。按人的常情，只有破壞關係的一方要求原諒或赦免，只是，上帝卻藉著基督無條件地「赦免」了所有人。這是使人意想不到的，因為是被傷害的上帝主動「赦免」犯錯的一方。換言之，歌羅西的信徒其實不需要完全明白他們的過犯有多深才去「求」上帝的「赦免」。當他們還未清楚自己的問題之時，上帝已主動「赦免」了他們。

「活過來」對信徒有很深的含意。歌羅西的信徒從前因為沒有遵守猶太人的誡命與律例，而受到律例上所寫的「字據」所控告，因而被定罪，且死在罪中；如今控告他們的「律例上所寫……的字據」，已經與耶穌基督同死在十字架上。「律例上所寫……的字據」(*cheirographon tois dogmasin*)可直譯為「一張欠律例的借據」。⓯ 這不獨是關係破裂，也違反了律法。這複雜的隱喻有很多不同的翻譯，但總離不開跟欠款憑據有關，就像今天的借據。這種借據的背景可能來自舊約聖經處理債務的規定(參出二十四3；申二十七14～26)。保羅的意思是說，順服的標準都已經總結在上帝的律法典章裏，而在順服的事情上人的確有很大的虧欠。這段經文特別之處，在於它借用十字架來表達一個象徵式的意象。從歷史角度看，被釘在十字架的是基督，而不是「律例上所寫……的字據」；可是，保羅說「律例上所寫……的字據……釘在十字架上」。究竟誰動手將「律例上所寫……的字據」釘在十字架上呢？如果說是基督，那就會混淆了事情。在歷史裏，基督並沒有釘死律例，那真正動手去將律例釘死的是將基督掛在十架上的羅馬兵丁！基督在釘十架的同時，他結束了律法字據帶來對人的約束，這與福音書的傳統一致，尤其在約翰福音裏提及有關基督被釘在十架受苦的「時候」所作的事。保羅在此巧妙地運用了擬人法，將律法看為一個人來表達信息。所以，凡按照律法的條文而定的罪，全被釘在十字架上。基督被釘的同時，也控制了整個救贖過程。保羅這種以象徵式的言語來陳述他的神學觀點，是強而有力的。

基督被釘在十字架，除了解消除律法的束縛，也勝過了鬼魔的權勢，因為他「將一切執政者、掌權者的權勢解除了」(15節)。

保羅在一章16節已提過執政的、掌權所指涉的意思，在此不再贅言（參3.2.1.1「從創造的角度解釋基督的超越性〔一15～16〕」，頁68～70）。「執政者、掌權者」包括自然界和超自然界的勢力，也包括羅馬政權的勢力，他們都是與基督對立的。耶穌的死勝過了這一切對立的勢力，他們再不能在信徒身上作些甚麼。信徒如何知道基督已勝過一切的勢力？基督的復活是惟一且合理的證據，來證明他的得勝。鄧雅各曾這樣說：「視十字架為勝利時刻，是與正常的價值觀背道而馳……事實上，這封信〔指歌羅西書〕是一篇有創意的神學著作，讀者可以在耶穌基督身上具體看見上帝的智慧，這智慧就是宇宙萬物的創造者和維持者（一15～20）。」⑯

最後，保羅提到「凱旋的行列，將他們公開示眾」。保羅是以軍隊打勝仗時的情景作為意象，解釋基督的「誇勝」。十字架原本是當時羅馬人看為羞恥的記號，如今基督卻將它轉化為「誇勝」的記號。梅爾（Harry O. Maier）肯定地指出歌羅西書整體上包含一些帶著帝國意味的詞彙，而且是在評論羅馬的宗教；然而，保羅卻不是在對抗羅馬的宗教。⑰ 筆者贊成梅爾的說法，相信保羅的確使用了帶有帝國色彩的字詞，但保羅所針對的（如果他確實想針對一些議題），並不是羅馬宗教。或許，讀者應該試從較籠統的角度看保羅使用這些字詞的用意。保羅使用這些字詞，極可能是用來比喻基督是如何「誇勝」所有的權勢，特別是黑暗的權勢。即使羅馬帝國也被包括在這黑暗權勢之內，也是很自然的事；然而，保羅更著重的是運用這些字詞籠統地指涉基督的主權。

在這段經文裏，保羅從兩個角度來闡釋基督的「誇勝」。首先，基督勝過了定人罪的律法。人的罪隨年日而不斷累積，這筆債在法律上根本無法清還。但藉著十字架，基督為人還清了。藉著犧牲，基督為所有信祂的人恢復了法律上的身分和修補了關係。

總括這一整段經文的思想，讀者必須回到「謹慎」（8節）這關鍵詞。筆者相信「謹慎」是本段經文的中心思想，這是有其原因的。若從原文文法結構的分析看，這段經文的主要動詞是「謹慎」（*blepete*）。讀者從前所見過的一切事物，對他們的屬靈成長毫無益處，他們生命的焦點跟上帝的心意也不一致。換言之，當保羅提醒歌羅西的信徒要「謹慎」，便反映了他們從前與上帝隔絕時並不警醒，也不懂得分辨好壞（一21）。直至他們接受了以巴弗的教導，才有分辨的能力。因著得到新的洞察力，便促使他們在耶穌基督裏豐盛起來，又日漸成長及生命更新。信徒若有「眼光」，懂得分辨是非，就表示他們受了正確的教訓。信徒若持續有「眼光」，他們便持續被正確的教導影響，因而也會成長起來。

5.2.2 謹慎面對異端對信徒生活的影響（二16～23）

緊隨著上述有關面對異端的教導之後，保羅勸勉歌羅西的信徒如何在生活中與異端分別開來。筆者將這段經文分為兩部分：有關異端生活行為的討論（16～19節）、有關異端規條的討論（20～23節）。

5.2.2.1 不要隨從異端的生活行為（二16～19）

這段經文是由「不要讓人⋯⋯評斷」（*mē ... krivetō*，16節）、「不要讓人⋯⋯奪去」（*mēdeis ... katabrabeuetō*，18節）這兩個命令語氣動詞主導，展現保羅對讀者兩個嚴肅的勸勉。19節的「不緊隨」（*ou kratōn*）是一個單數分詞而不是命令語氣動詞，其功能是修飾18節的

「這等人」，而不是讀者，因此並不是保羅另一個對歌羅西的信徒的要求。保羅對歌羅西的信徒兩個嚴肅的勸勉是：

一、不要在禮儀上被評斷（16～17節）

16節以「所以」（*oun*）作開始，標示了保羅在接著的內容裏，是要教導信徒如何將基督的饒恕與贖罪的真理應用在生活中。「評斷」（*krinetō*；16節）是這段經文出現的第一個命令語氣動詞。「評斷」這詞並不是我們所想像中經常帶負面意義的，這裏的中文翻譯就較傾向帶中性的意義。歌羅西教會所「評斷」的是教會的敬拜。但是，保羅在此卻要勸喻歌羅西的信徒檢視他們守節期及敬拜的態度。

保羅形容這些禮儀「原是未來的事的影子」。所謂「影子」，是映照18節所提及有關「敬拜天使」的討論。究竟「節期、初一、安息日」（16節）如何成為「未來的事的影子」？而它如何與「敬拜天使」有關？有關「敬拜天使」這議題，將於下文再作詳細討論，筆者在此只提一點。「敬拜天使」亦可以指信徒的敬拜模式，仿如想像中天使在天上的敬拜般，而未必指他們將天使看為偶像般敬拜。在第二聖殿時期，猶太信徒不但遵守節期，而且想像他們的敬拜有如天使般的敬拜。啟示錄的作者所描述有關天上的敬拜（參啟四～五章），某程度反映了小亞細亞一帶地區的信徒所嚮往與天使一同在天上敬拜的現象，這就是保羅所指「是未來的事的影子」。因此，筆者相信，當保羅談及當時的社羣有某種敬拜經驗（指節期的慶典及如天使般的敬拜的程序）之時，這經驗背後是帶著終末的概念。信徒在敬拜中，是有一種等候著將來終末來臨的心意。換言之，當某些猶太人在參與節期的慶典及天使般的敬拜之時，已認知天國來臨的概念。因著這背景，筆者相信歌羅西某些信徒，特別是從猶太教歸信基督的，會十分堅持甚或執迷於教會敬拜的質素是否與他們一直尋找的理想敬拜相符，他們亦因此對敬拜的模式作出「評斷」。所以，當保羅說這些事「原是未來的事的影子」之時，暗示了他們所嚮往的敬拜經驗，就是將來在天上才會有的那種敬拜。所以，保羅提醒他們不要過分執迷於現時敬拜的模式，這一切都只是「影子」。

二、不要讓故弄玄虛的事奪走所信的(18～19節)

保羅提到假教師有兩件故弄玄虛的事。首先，保羅聲稱他們「故作謙虛」(*thelōn en tapeinophrosunē*；可直譯為「很享受於謙虛」)。保羅這樣的描述，表示他們假裝謙虛，藉此炫耀自己的宗教行為，讓看見的人也動心效法他們的行為。

此外，保羅提到這些人「敬拜天使」。上文提及「敬拜天使」是指有部分信徒，他們未必將天使看為偶像般敬拜，而是將敬拜模式想像為仿如天使在天上敬拜般。此外，「敬拜天使」亦可以有另外兩個意思：

- 有很多證據顯示，保羅時代亦有人會以天使作為默想的對象，像後來的諾斯底教派一樣。這樣，天使就是人類去到上帝面前的媒介。⑱
- 指神祕的敬拜儀式，而敬拜的對象是天使。有關這方面的資料，讀者可參考昆蘭社團的文獻，這個社團同時也很重視飲食和節期的禮儀(參二16；「死海古卷」1QM7.6, 4Q491, CD16.1～5)。⑲

保羅指出他們以「故作謙虛和敬拜天使」的事，「奪去」信徒的「獎賞」(18節)。「奪去」(*katabrabeuetō*；可直譯為「讓人搶奪」)是這段經文出現的第二個命令語氣動詞。若參加比賽的人被發現在參賽時犯了規，即使已得「獎賞」，他的獎品仍可以被奪走的。這裏暗示比賽的人原本已得「獎賞」。我們或許不禁會問這「獎賞」究竟所指何物，但筆者認為這不是經文要說的重點。「獎賞」被奪去只是用作比喻，指出那些阻礙信徒跟隨基督，使他們不能達成基督要求的事情。這些人信仰生活的特徵，就是「故作謙虛和敬拜天使」（參 18 節），他們尋求影子過於實體。他們的信仰生活紊亂，漸漸失去與基督的連繫。須留意的是，「讓人搶奪」（*katabrabeuetō*；18 節）是以單數表達，表示只有個別教會成員，而不是教會整體被搶奪。保羅的意思是指，只有個別邊緣分子選擇離開以基督為中心的信仰。不過，即使只是僅僅小數人沒有跟隨基督而行，這小撮人卻嚴重地影響著整個信仰羣體。

5.2.2.2 從粗淺的學說中釋放出來（二 20～23）

在原文，20 至 23 節是一句以副詞「既然」（*ei*）作開始的一句句子。保羅說：「既然你們……為甚麼仍像……去服從……。」他是以修辭式提問來表達，為要讓讀者反省他們在行為上的錯誤。保羅指出他們既「與基督同死」，就不應該繼續追隨那些「粗淺的學說」（*tōn stoicheiōn tou kosmou*，20 節），生活仍與「世俗」的人相同。這「粗淺的學說」可以指兩方面的事情：苦修行為及天使的敬拜。

按二章 8 節的分析（參 5.2.1.1「知道異端的面貌〔二 8〕」，頁 119～122），部分讀者在未歸信基督之前很可能是恪守猶太教規條的。此外，歌羅西的信徒也許混合了昆蘭社羣所追求的宗教理想，成為他們所追求的目標。保羅描述這些規條為「不可拿、不可嘗、不可摸」，表示對守規條的人所高舉的苦修行為是高不可攀、不切實際的。保羅對這種宗教行為的看得非常負面。他描述這些行為只是虛有其表，實質上也不能真的可以克制人「肉體的情慾」(23 節)。

保羅在一章 16 節曾提到「能看見的、不能看見的」，在二章 18 節又指出「不要讓人藉著故作謙虛和敬拜天使奪去你們的獎賞。」(3.2.1.1「從創造的角度解釋基督的超越性〔一 15～16〕」，頁 72)。因此，這些「粗淺的學說」除了與一些規條有關，亦可能與敬拜天使有關，無論這是指他們是以天使作為默想的對象，抑或想像敬拜模式如天使一樣，甚至學習其他拜天使的民間宗教。保羅都將這一切看為「粗淺的學說」，即是不扎實的；若醉心於追求這些信仰經驗，只是偏離基督的信仰。

無論是宗教規條，抑或是天使的敬拜，都不是歌羅西的信徒所醉心追求的。保羅關注假教師的崛起是必然的，但他更關注的是，歌羅西的信徒的信仰漸漸失去重心，不再重視基督的復活對教會的意義。

無可否認，宗教規條或敬拜天使是會令不少人著迷的，但這不是保羅所教導以基督為中心的信仰，所以他不鼓勵這類的思想，將這類的信仰行為描述為「敗壞」(*phthoran*)。它之所以是「敗壞」(這詞在歌羅西書只出現一次)，原因是它是「根據人的命令和教導」成立的。那麼，是否凡出於人的，就會變得「敗壞」呢？保羅的重點並不在於是否出於「人」，而是規條的內容。保羅認為這些人訂定了一些規條，而這些規條的內容「**使人徒有智慧之名，用私意崇拜，自表謙卑，苦待己身**」(*atina estin logon men echonta sophias en ethelothrēskia kai tapeinophrosunē*)。這短句的原文只有一個動詞「是」(*estin*)，它的主語是關係代名詞「那些」(*atina*)，賓語是「言語/文字」(*logon*)。如此，按照原文，這短句可意譯為「那些言語/文字是智慧之言，而這些智慧帶有私意崇拜、自表謙卑、苦待己身的內容」(參 NIV：an appearance of

「使人徒有智慧之名，用私意崇拜，自表謙卑，苦待己身」可直譯為「那些言語/文字肯定帶有私意崇拜、自表謙卑、苦待己身的智慧」。

wisdom, with their self-imposed worship, their false humility and their harsh treatment of the body）。「和修版」譯作「智慧之名」的原文，NIV 譯作「智慧的外貌」（appearance of wisdom），筆者則認為應譯作「智慧之言」，因為整卷書也明顯地提及錯誤的教導，因此，「智慧之言」的翻譯比較貼近上下文的意思。從保羅的言語之間流露，當時的假教師的教導其實很有影響力，他們的説話可能很動聽，但都只是「花言巧語」（二 4），其內容其實是十分貧乏、愚昧和空洞。有趣的是「言」（*logon*）在原文是單數詞，保羅刻意用這個單數詞去襯托這是「一種」荒謬的教導，一言以蔽之就是愚昧。他們期望以宗教規條來克制肉體的情慾，但保羅卻指出這是不可能的事。那怎樣才能達到這目的呢？在接著的經文，保羅便探討這事。也許我們不能完全明白歌羅西當時的人有關苦修的哲理，但有一點可以肯定的是：任何事物不能使教會專注於耶穌在萬有之上這真理的，就是有害的。

5.2.3 更新自己的生活（三 1～11）

保羅教導歌羅西教會面對異端的第三種方法是更新自己的生活。上文所提及的兩點(二 8～15、16～23)都是挑戰信徒對異端的了解，接著保羅便要求信徒如何實際地活出與異端不同的生活，其中包括思想上（1～4 節）及行為上的（5～11 節）。

5.2.3.1 多思考上面的事（三 1～4）

這段經文出現了第四及第五個命令語氣動詞：「求」（*zēteite*；1 節）、「思考」（*phroneite*；2 節），保羅勸勉歌羅西的信徒要「求上面的事」，也要「思考上面的事」。

「求」（*zēteite*）這個命令語氣動詞有「尋找/尋求」的意思，而不只是去祈求一件事。保羅以「所以，既然」（*ei oun*）作句子的開始，指出一件已發生的事實，就是信徒「已經與基督一同復活」。保羅指出，既是「已經與基督一同復活」，所以「就當求上面的事」。這是順理成章的事。「思考」（*phroneite*）這個命令語氣動詞原文可以譯作「將心思放置於……」。保羅使用「求」與「思考」這兩個命令語氣動詞，是頗有意思的：

- 「求」與「思考」這兩個命令語都是以現在時態表達，均帶有持續不斷地進行著的意思，表示這不是「三分鐘熱度」，而是一生的追求。
- 它的原文是一個複數動詞，表示整個羣體都要一同去「思考」。保羅這樣的勸勉，表示這是關乎教會整體的事。作為領袖，故然要多「思考」，但保羅要求的不止於此，他期望全體信徒一同去「思考」，而所思考的內容就是「上面的事」。
- 這兩個命令語句可說是以一種平行句式表達。它是以兩個近似意義的詞句來表達同一個意思，為要重複地說出「上面的事」。NIV 將「求」的原文譯作“set your heart”，「思考」的原文譯作“set your mind”，前者有「因『決心』而產生行動」的意思，後者則有「因『思想』而產生行動」的用意。這樣的譯法把兩個命令語句看為兩個不同的命令，但這種的分割不一定是保羅的心意。它們若不是帶著不同的意義，保羅為何不索性只使用一個命令語句，寫成一個命令，勸勉信徒尋求上面的事呢？其原因很簡單。這種重複語句修辭表達，一方面強調這種追求是重要的，也為要讓此書信的聆聽者能夠將內容牢記。
- 若參考上下文來分析這兩個命令句，「上面的事」很可能是指在基督裏的生命（參3節）。上帝的奧祕是隱藏在基督裏（二3），信徒是要尋求或累積一切智慧和知識，來更多認識基督的智慧。他們怎樣才能這樣？就是他們要愈來愈像基督，在善行中一起成長，將那歷世歷代的奧祕彰顯，就是基督在外邦人裏面成了榮耀的盼望（一27）。

相對於「思考上面的事」，就是「不要思考地上的事」。在原文，「不要思考地上的事」（*mē ta epi tēs gēs*）是沒有「思考」這動詞的。人在地上，但所思考的卻是「上面的事」，暗示這些事是天上榮耀的事。根據上下文，「地上的事」集中在以下兩方面的事。

第一，它間接指二章16和21節的宗教儀式（或由律法主義引申出來的行為）。假如地上的價值觀與具體存在的「肢體」有關，那麼，宗教禮儀必定也是跟肉體有關的。釋經學者當討論「地上」的事情之時，經常忽略了禮儀性宗教的具體涵義。鮑會園很清楚強調這方面的觀點，他的結論指出：保羅所提及地上的事（指宗教禮儀）確是有害無益的。鮑會園的觀點雖跟許多釋經學者不同，但卻值得認真考慮。[20] 筆者基本上同意許多釋經學者的看法，思念「地上的事」不一定是壞事，但保羅所說「地上的事」是指跟上帝的完美剛好相反，多是帶有貶意的。在保羅的界定中，「地上的事」確實是壞事，而不是一般所言，如上班、維生、買衣服，以及其他世俗卻沒有所謂好壞之分的事情。它確實指與基督教價值觀對立的事情，這一定不是好事。再者，三章1節以「所以」（*ei oun*）開始，內容很明顯與第二章有關，筆者可以進一步假設三章1至2節的命令與二章21節的命令產生強烈的對比。因此，保羅所謂地上的事，首先是暗示二章21節提到的外在宗教禮儀。他認為禮儀和一切儀式不能帶來聖潔和完全。

第二，它似乎與三章5至11節有直接關係，因為「地上」一詞再次在三章5節出現。這顯示了「地上的事」是與不道德的行為和情感有關，保羅歸結這一切為拜偶像。這是歌羅西的信徒從前的光景，但現在他們又怎會拜偶像呢？其原因是他們仍受地上的事物支配，不以基督的價值為他們人生中的核心。

這兩個命令為健康與不健康的生活定下了原則性的界線，並且是信徒生活的優先取向，保羅進一步在3至4節陳明其理據。這兩節經文顯示了信徒生命的本質應該讓基督所充滿。當教會鼓勵每一個信徒，要在生命裏大大充滿基督的特質，他們自然就會遠離地上的事（即不道德的事）。教會「在基督裏」、「與基督一起」的生命，就是基督在萬有之上的彰顯。這段經文所有動詞都是以第二身複數「你們」表達，表示「與基督一同復活」是一整個羣體的事情。如此，教會的肢體生活就是很實在地體現基督所作的一切。如今的一切都會延展至將來基督「在榮耀裏顯現」的日子。因此，今日的生活指向未來的盼望。

5.2.3.2 不活在地上的罪裏（三 5～11）

所謂地上的事，保羅並不是指所有地上的事也不去行，否則信徒便無法活在地上。保羅列出地上的行為，是與罪有關，是信徒絕對不能行的。保羅以三個命令語氣動詞來指出信徒所不能行的事，以示嚴重：「治死」（*nekrōsate*；三5）、「棄絕」（*apothesthe*；三8）、「不要……說謊」（*mē pseudesthe*；三9）。

第一個命令語氣動詞「治死」的原文，是有「置諸死地」的意思。保羅使用了不定時式時態動詞，為要表達這命令的迫切性。保羅祈願信徒「治死」的是「地上的肢體」。保羅在這裏不是指信徒真的要對付這身體，而是對付從這身體內發出的行為。換言之，所有導致不道德生活方式的事情，無論是外在的（如淫亂、污穢）或是內在的（邪情、惡慾）都必須治死，死了的東西就與活著的人隔絕。保羅在此特別提到「上帝的憤怒」，又稱那些行這些不道德的事的人為「悖逆的人」，這與羅馬書一章18節的描述十分相似。於保羅而言，「悖逆的人」並不是指不認識上帝的人，而是那些已認識上帝，但扮作不認識祂的人（羅一19），這些人為了行惡而扮作不認識上帝。若對應二章8至23節，這些「悖逆的人」便是傳異端的人。至終，上帝的憤怒必臨到他們身上。保羅在此是要勸導信徒不但不要聽從異端的教導，更不應像他們的行為般生活。保羅亦提到當信徒「在這些事中活著的時候」，他們「的行為也曾是這樣的」，表示一個已歸信基督的人，「行惡」應該成為過去，如今他們應與這些行為割絕。

第二個命令語氣動詞「棄絕」（三8）的原文，是有「放下」的意思。保羅提醒信徒要放下的主要是兩件事，一是內心的負面、惡毒的情緒，二是口中的惡言。這兩者是彼此有關連的。惡毒的言語往往來自內心惡毒的思想。保羅在此特別關注咀唇所犯的罪，因而這引申出第三個命令，就是「不要彼此說謊」（三9），這是一種互相欺哄的行為。當一個羣體習慣說假話（指異端所說的話），他們再也不能分辨甚麼是真理。

加拉太書三章27節：「你們凡受洗歸入基督的都披戴基督了」。

保羅在此提及「脫去」，正好與「穿上」成為對照。穿衣的比喻，極可能是從**加拉太書三章27節**引申出來的。加拉太書三章27至28節是保羅時代許多教會在舉行洗禮時，信徒認信所說的話。在洗禮中，信徒是穿著一件特別的衣服（極可能是白色的），象徵在基督裏的新生命。因此，有學者認為「衣服」的用語和「在基督裏」的簡短認信是有關連的，並且都是源自洗禮。㉑ 在保羅的時代，服飾反映個人的身分。外地人不能穿羅馬人所穿的「外袍」，因為這是公民和自由人的身分象徵，「自由」表示生來不是奴隸的身分。㉒ 衣著、服飾亦可以表達了穿衣的人的年齡、心情、喜好。不同的場合穿不同的衣服，代表了穿衣的人所在的環境。保羅用「穿上」來比喻信徒如何透過好行為來彰顯其身分。三章 5 節所列的是內在的罪行，此處所列的卻是外在的、涉及人際關係的各方面，包括態度、行為和言語。「脫去」(*apekdusamenoi*；9 節)是以不定時式表達，表示這行動已成為事實，同時也表示行動的迫切性，這分詞與「棄絕」(*apothesthe*；8 節)同義且有相同的時式，所以它們也應該是已發生的事實，及有其迫切性。

保羅在三章 9 至 11 節提出歌羅西教會必須迫切地「脫去」與「穿上」，是有兩個原因：第一，因為歌羅西教會已脫去「舊人」，像「棄絕」舊衣服或廢物般(9 節)。保羅用不同的詞彙來強調信徒要絕對「棄絕」舊生命的渣滓。「脫去」的原文是一個分詞，顯示這是必須的行動，且應該已經是事實。保羅所指到底是甚麼意思呢？有學者認為「舊人」是指罪性或是悔改前的靈/魂的狀態。㉓ 不過，按筆者的看法，若將「舊人」指涉從前的生活方式和價值觀會更好。舊的身分就是「舊人」。這身分代表了某種既定的價值觀和思想。

第二，因為教會已「穿上」新身分(10 節)。「穿上」(*endusamenoi*)也是一個過去不定時式分詞，表示「穿上」已成為事實。「新人」標誌著與基督認同所帶來的新時代。藉著基督得以認識上帝，生命亦不斷更新。在新時代，教會不再有種族和階級之分(11 節)，整個教會成為一體，回復上帝創造的原意。11 節與**加拉太書三章 28 節**的表述方式很相近。保羅所傳的福音，展示了平等的觀念，教會內所有種族和階級的人都有相同的責任。每個人也要負上同等的責任。保羅在 11 節提到「未開

加拉太書三章 28 節：「不再分猶太人或希臘人，不再分為奴的自主的，不再分男的女的，因為你們在基督耶穌裏都成為一了。」

化的人」及「西古提人」，前者是指不懂得希臘語或拉丁語、並且已被驅逐到羅馬帝國邊陲的人；後者是住在黑海一帶，被看為是野蠻一族的人。在保羅時代，當作者使用這詞，並不單指他們居住的地域，而是對這些人帶有貶意，他們都是受希羅文化歧視的人。但是，保羅卻認為他們同樣有「新人」的身分。

將「穿上」一詞用在宗教層面上，是非常有趣的。外邦教會——歌羅西教會——在基督裏是「新人」，這對於猶太人而言，是一大奧祕（有關保羅在歌羅西書所談論的「奧祕」，可參4.1.2.2「因作教會的僕役而受苦〔一25～29〕」中的第一點：「保羅指出這道是奧祕〔一26～27〕」，頁97～99）。這奧祕與假教師所鼓吹的神祕宗教不同，保羅提醒歌羅西教會不要從這些江湖術士身上尋覓新的奧祕。因為從悔改的那一刻，「穿上」像基督的新衣開始，他們本身就「是」奧祕。他們必須繼續持守這身分，而教會必須展現這種關係的特質。

保羅所列舉的正面（教會整體的身分是基督的身體）和負面（罪行清單；參5節）的事物，大部分也是彼此相關的。人的品德固然重要，但在保羅眼中，這不是惟一量度信徒靈命成熟的最好方法，最好和最高的指標其實是「關係」，那就是上帝與人的關係。

筆者在此要再補充有關保羅在這段經文的用詞。保羅所用「脫去」（9節）與「穿上」（10節）這兩個詞標誌著一種帝國式的用詞。再者，當他提及「未開化的人」及「西古提人」，更是符合羅馬帝國式的用詞，這是保羅時代普遍使用的兩個詞彙，因為這兩個族羣都是羅馬帝國的敵人。在小亞細亞一帶地區，「未開化的人」及「西古提人」像是一個標籤，代表著羅馬曾經征服過的野蠻人。羅馬人輕看他們，視他們為永不會文明起來的人。梅爾（Harry O. Maier）的研究再一次提醒我們，羅馬政府意圖將所有人民納入同一個羅馬文明之下，使之成為一個屬於羅馬的一個整體，而在這個整體以外的，就是非我族類。㉔保羅的教導像是述說另一個國度的故事，這國度的界定不是由衣服的外觀、族羣的身分、社會的地位而設定（參三11）。他有另一種看法：即使在人眼中是愚不可教，但在基督福音裏，任何人只要願意接受這福音，成為這信仰羣體的一員，他必然會被改造。㉕於保羅看來，教會就如一個身體，由不同肢體連繫在一起；而在這種集體意識之下，每個肢體活出一個屬於基督的新身分。保羅這另一種看法，表達了在羅馬的處境中，基督的國度如何活現在外邦人身上。保羅一直都以這種國度的理想開展他的宣教事工（參加三28），直至他離世。保羅從外邦信徒建立的教會，看見主耶穌將來的得勝，而這勝利同時亦透過現今教會的肢體生活漸漸實現。

近代有學者透過以解放為本的性別（liberation-oriented gender）研究及社會階級研究的原則，分析保羅的教導。在了解社會的階級制度之時，學者證明了保羅以衣著服飾及不同社會身分之關係（三11）作比喻，來說明保羅當時的世界觀。㉖亦有學者以**交會理論的方法**（intersectionality method），從社會中一些的子分類（subcategories），如性別及社會不同階層等，尋找出彼此的共同點或分別，因而得出不同階級的共同點，例如：希臘人與猶太人之間是有不同階級的。希臘人或許比猶太人有更高的社會階級，但諷刺的是，希臘人的宗教階級卻比猶太人低。受割禮的人明顯比未受割禮的人有更接近猶太人的階級。「未開化的人」及「西古提人」看似是同一類別，他們放置於「被征服」的類別。最後，奴隸與自由人之間的階級距離就更大。三章5至11節並不只是單單評論信徒的行為，更是有關一個人在基督裏所擁有新的獨特身分。這裏出現了一個嶄新的階級制度（或更合宜地說，是一個平等的階級制），無論一

交會理論的方法是指以交叉比較的方法，尋找不同類別的項目之間存在的共同點。

個人過去是哪個身分類別，眾人至終都要將焦點放在基督身上。

信仰反省

保羅上述的教導肯定可以應用在今天的教會裏。若信徒將信仰生活過度聚焦在異夢、異象的事情上，是會造成不良影響的。有人甚至把所看見的異夢、異象看為將來事情的影子。雖然沒有人能夠質疑神蹟奇事發生的可能性，但要留心保羅的警告。保羅對這些不可知的事情，保持一種頗為嚴謹的態度，因為這些事情對信徒屬靈生命的成長並沒有多大益處，這些事只會使人離開使徒教導的核心內容。這些事情對建立健康肢體生活的幫助亦不大。保羅在信中所指出的，有人嘗試以敬拜經驗代替嚴謹的聖經教導，在我們這個後現代世界中也是一種明顯的標記。信仰的經驗是不能代替以基督為中心的聖言。另外，保羅也指出有人用異端般的律法主義去控制信徒。事實上，死板的規條只能控制無知和不反省的人。保羅的教導從多方面警告教會，不能拼命追求虛幻的事情而忽略上帝的話語。任何事物使人轉離了使徒流傳下來的信仰，最終會威脅教會的存活。歌羅西教會在回轉的過程中可能曾經見過神蹟奇事，但保羅要求他們只集中在使徒所傳的福音上。事實上，教會是要藉著聖經的教導來存活和成長的。

從民間信仰的角度來看，保羅在信裏也發出了嚴重的警告。假如歌羅西教會因當地的民間色彩與基督教信仰的結合而引起爭議，那麼我們真的要小心。儘管信仰可與當地文化融合，但基督和他的教義必須在地方文化之上。假如聖經受制於文化，教會便受制於社會，基督教獨特之處就蕩然無存了。那麼怎樣的文化融合才算是合宜呢？保羅認為一切必須以基督為中心。當文化與聖經有牴觸，基督的思想有最終的決定權。任何人或事被宣稱擁有像基督一樣的權柄，就即時與教會的「元首」分割。

保羅的觀點也有政治意涵，特別是與「權力」有關的用詞。當然每個政府皆有其可取之處，但也有不少地方明顯與基督教信仰有衝突。即使政府需要有信仰價值觀的人共同建立更美好的社會，基督教信仰不能、也不應與政治掛鈎。基督教信仰與地上政府架構是有一定距離的，沒有一個政權是純粹「基督教」的，即使打著基督教國家旗號，如東羅馬（即君士坦丁）、美國或英國。真正的基督教國家政權已成為神話，他們宣稱以基督教立國，但到頭來卻大大損害基督的名。信徒不要天真地以為打著道德旗幟的，便是好的信徒，他們的目的其實是拉票的政客，期望信徒會投他們一票，與他們走在同一陣線上。信徒既要作地上的公民，又要超越世界的體系。

提到信徒的身分，保羅往往從整體看信徒的屬靈生命。教會的根基來自使徒的信仰傳統，也有聖靈的培養工作，藉著聖工和聖靈得以堅固。受洗就是重要的例子，是由個人變成整體一部分的標記，由「我」變成「我們」。許多現代解經家卻將這個次序先後倒置。這樣，福音就變得軟弱無力。福音要藉著蒙揀選的信徒在世界中發揮影響力。在基督裏，根本就沒有「我」可言。身體是由「我們」所組成的。當我們忘記我們其實是一個整體，特別是在教義和道德責任等問題上，我們若對這個「身體」沒有盡責，按照保羅書信的教導來說，就沒有個人靈性可言。

倚重禮儀所反映的意識形態都是保羅所反對的。不管是甚麼儀式，保羅都期望歌羅西的信徒不要把焦點放在這些事情上，這是現代教會重大的挑戰。我們常為一些傳統的事情，產生無謂的爭論。不同教會在教會禮儀上有不同的演繹，這並不是問題，問題倒是不應將信仰的焦點放在這些事情上。這些爭論不免使教會脫離那賦予生命和方向的「元首」。事實上，已有不少教會因為禮儀上的爭議而分裂。

整段經文帶出信徒生命三方面的改變。第一是「行」，顯示了我們的信仰要有方向，才能活出信徒的生活方式。第二是「看」，顯示要有洞察力，才能有信徒的世界觀。第三是「得自由」，顯示認識身分的轉變是非常重要的。信徒的生命取向不應與非信徒相同，眼光和身分就更不在話下。信徒應當愈來愈覺得自己與世界格格不入，卻更愈來愈像基督。總言之，所有信徒也要彰顯出基督是在萬有之上。

釋經短註

❶「夏普結構／規則」(Granville Sharp Construction/Rule)是由夏普創建的。他不是一個語言學家，但熱愛聖經原文，喜愛以原文——希伯來文及希臘文——研讀聖經。在仔細研讀下，他發現希臘文文法中慣常出現的一種模式：若有兩個相同語法格、語法性，以及以單數人稱名詞並排，而名詞中間是由一個連接詞(*kai*)連繫著；那麼，即使只有第一個名詞有定冠詞，這定冠詞是可以與另一個名詞共用；另外，第二個名詞是為第一個名詞作進一步的描述。參 Granville W. Sharp and T. Burgess, *Remarks on the Uses of the Definite Article in the Greek Text of the New Testament: Containing Many New Proofs of the Divinity of Christ, from Passages Which Are Wrongly Translated in the Common English Version* (London: Vernor and Hood, 1803), 2。有關學者對夏普規則的評論，可參 Daniel B. Wallace, *Greek Grammar Beyond the Basics* (Grand Rapids, MI: Zondervan Publishing House, 1996), 270～290。從「夏普結構／規則」看來，歌羅西書二章8節「虛空的廢話」是在進一步描述「哲學」。

❷ 參 Richard E. DeMaris, *The Colossian Controversy: Wisdom in Dispute at Colossae*, JSNTSup 96 (Sheffield: Sheffield Academic Press, 1990), 47。

❸ 伯沃夫(Hendrikus Berkhof)對「世上粗淺的學說」的解釋，可參 Hendrikus Berkhof, *Christ and the Powers* (Scottsdale: Herald Press, 1977)。

❹ 凱爾德(G. B. Caird)對「世上粗淺的學說」的解釋，可參 G. B. Caird, *Principalities and Powers* (Eugene: Wipf and Stock, 2003)。

❺ 巴爾特(Markus Barth)與布蘭克(H. Blanke)對「世上粗淺的學說」的解釋，可參 Markus Barth and Hemut Blanke, *Colossians: A New Translation with Introduction and Commentary*, trans. Astrid B. Beck (New York, Doubleday, 1994), 202。類似觀點，可參 Eduard Schweitzer, "Slaves of the Elements and Worshippers of Angels: Gal 4:3 and Col 2:8, 18, 20," *JBL* 107 (1988), 455～468。

❻ 鮑會園對「世上粗淺的學說」的解釋，可參鮑會園：《歌羅西書》(香港：天道書樓，1996)，頁97。

❼ 洛斯(Eduard Lohse)對「世上粗淺的學說」的解釋，可參 Eduard Lohse, *Colossians and Philemon: A Commentary on the Epistles to the Colossians and to Philemon*, trans. William R. Poelmann and Robert J. Karris; ed. Helmut Koester (Philadelpha, PA: Fortress Press, 1971), 96～98。

❽ 阿諾德(Clinton E. Arnold)對「世上粗淺的學說」的解釋，可參 Clinton E. Arnold, *The Colossian Syncretism* (Tübingen: Mohr,

1995), 19。

❾ 阿諾德曾在他的著作中提供了大量證據，指出保羅時代的人有習慣佩戴吉祥物當作飾物。雖然他所使用的主要資料來源較為晚期，但來自羅馬方面的第二手資料，如皮里紐（Pliny）的歷史著作，也指出民間宗教和上層社會普遍有這種風氣。有關他的論點，可參 Arnold, *The Colossian Syncretism*。

❿ 有關布克韋爾（Ben C. Blackwell）對耶穌的身分的討論，可參 Ben C. Blackwell, "You Are Filled in Him," *Journal of Theological Interpretation* 8 (2014):101～107。

⓫ 將「肉體」解作包皮的觀點，可參鮑會園：《歌羅西書》，頁 103；另參 James D. G. Dunn, *The Epistles to the Colossians and to Philemon: A Commentary on the Greek Text* (Grand Rapids, MI: W.B. Eerdmans Publishing; Carlisle: Paternoster Press, 1996), 157。

⓬ 巴爾特與布蘭克對翻譯 *sarkos* 這希臘字的評論，可參 M. Barth and H. Blanke, *Colossians: A New Translation with Introduction and Commentary*, trans. A. B. Beck (New York, 1994), 318。

⓭ A. J. M. Wedderburn, "Some Observations on Paul's Use of the Phrases 'in Christ' and 'with Christ'," *JSNT* 8/25 (1985): 90～91。

⓮ 有關鄧雅各（James D. G. Dunn）論述「整體」的觀念，可參 Dunn, *The Epistles to the Colossians and to Philemon*, 163～164。

⓯ 雅博特（T. K. Abbott）指出 14 節的「律例」（*tois dogmasin*）的原文在新約的意思始終如一。有關這方面的討論，可參 T. K. Abbott, *A Critical and Exegetical Commentary on the Epistles to the Ephesians and to the Colossians* (Edinburgh: T & T Clarks, 1974), 255。

⓰ 有關鄧雅各對十字架的得勝的討論，可參 Dunn, *The Epistles to the Colossians and to Philemon*, 170。

⓱ 有關梅爾（Harry O. Maier）對歌羅西書包含帝國色彩的字詞的討論，可參 Harry O. Maier, "Colossians, Ephesians and Empire" in *An Introduction to the Empire and the New Testament*, ed. Adam Winn (Atlanta, GA: SBL Press, 2016), 193。

⓲ 威爾遜（Walter T. Wilson）認為當時的信徒並不只是辯論有關天使的議題，而是確實地在敬拜天使。保羅運用修辭技巧，教導歌羅西的信徒不應作這些事情。威爾遜想將保羅塑造成一位哲學家，這跟書信中保羅反對哲學（理學）的主張剛剛相違背（參二 8）。也許威爾遜在這議題上鑽了牛角尖。保羅所針對的，是歌羅西教會的需要，若詮釋者過於強調修辭技巧，只會忽略了保羅對讀者的教導。詮釋者可以不同的方式帶出一段經文的信息，而這些信息又能夠說明保羅對歌羅西教會的教導，這不足為奇。但是，如果說保羅用了許多

希臘式修辭法所常用的技巧和哲理思維來陳述信息，那就不對了。有關威爾遜的論點，可參 Walter T. Wilson, *The Hope of Glory: Education and Exhortation in the Epistle to the Colossians* (Leiden: Brill, 1997), 169。

⑲ 有關昆蘭社團的文獻的內容，可參 Matthias Henze, *Biblical Interpretation at Qumran* (Grand Rapids, MI: Eerdmans, 2004), 55；Gabriele Boccaccini, *Enoch and Qumran Origins: New Light on a Forgotten Connection* (Grand Rapids, MI: Eerdmans, 2005), 118。

⑳ 有關鮑會園對地上的事的討論，可參鮑會園：《歌羅西書》，頁 134。

㉑ 有關衣服與洗禮的關係，可參 Kim, Ng-hun, *The Significance of Clothing Imagery* (London; New York: T & T Clark International, 2004), 136, 156；C. F. D. Moule, *The Epistles of Paul the Apostle to the Colossians and to Philemon* (Cambridge: Cambridge University Press, 1957), 119；Marianne Meye Thompson, *Colossians and Philemon*, Two Horizons (Grand Rapids, MI: Eerdmans, 2005), 79。以上三位學者主張新衣與基督裏的新亞當有關。筆者卻認為這論點過於強調神學上的意味，不是原讀者所能明白的。我們沒有證據可以肯定歌羅西的信徒認識羅馬書第五章和哥林多前書第十五章的神學觀。關於衣服的背景的討論，可參 Sam Tsang, *From Slaves to Sons: A New Rhetoric Analysis on Paul's Slave Metaphors in His Letter to the Galatians* (New York, Peter Lang, 2005), 202, 573。

㉒ 關於「穿上」和階級的關係，最重要的參考資料是金伍洪（Kim, Ng-hun）的著作。Kim, *The Significance of Clothing Imagery*。

㉓ 將認為「舊人」是指罪性或是悔改前的靈/魂的狀態的學者，可參 Kim, *The Significance of Clothing Imagery*, 162 ～ 167。他引用「摩西啟示錄」(Apocalypse of Moses)作解釋，認為當中有提到舊人亞當和新人基督，似乎為代表罪性的舊衣服加上「舊人亞當」這較新的意思。不過，歌羅西教會屬外邦人教會，沒有證據顯示他們會熟悉「摩西啟示錄」一書。

㉔ Harry O. Maier, "Histoire Croisée, Entangled Bodies, Boundaries, and Social-Political Geography in the Letter to the Colossians," in *Borders, Terminologies, Ideologies, and Performance*, ed. Annette Weissenrieder (Tübingen: Mohr Siebeck, 2016), 87～90.

㉕ 梅爾(Harry O. Maier)借用了座落在阿弗羅狄西亞(Aphrodisias)的奧古士督神廟裏的像指出有關保羅所用的帝國式用詞。阿弗羅狄西亞是位於老底嘉的一個小鎮，亦是歌羅西書其中一羣讀者之所在地。有關他的評論，可參 Harry O. Maier, "Reading Colossians in the Ruins: Roman Imperial Iconography, Moral Transformation, and the Construction of Christian Identity in the Lycus Valley," in *Colossae in Space and Time: Linking to an Ancient City*, ed. Alan H. Cadwallader and Michael Trainor (Vandenhoeck & Ruprecht, 2011), 218 ～ 226；另參 Maier, "Barbarians, Scythians and Imperial Iconography in the Epistle to the Colossians," in *Picturing the New Testament*, ed. Annette Wissenrieder *et al* (Tübingen: Mohr Siebeck, 2005), 389～403。

㉖ 卡茨夫（M. B. Kartzow）對這方面的議題，有深入的研究，參 M. B. Kartzow, "Asking the Other Question," *Biblical Interpretation* 18 (2010): 364～368。

溫習及思考問題

1. 在二章6至7節，保羅如何勸勉信徒在地上生活？談論到異端，保羅用了多少個命令語氣動詞？你認為保羅為何如此鄭重提及異端？莫非歌羅西的信徒不懂分辯異端嗎？
2. 保羅如何教導信徒分辨異端的面貌？所謂「哲學和虛空的廢話」、「照人間的傳統和世上粗淺的學說」（二8）是甚麼意思？若應用在今天，信徒是否面對相似的異端？今日我們所面對的異端是怎麼模樣的？
3. 保羅為何在此要重提基督的本性（二9～12），以及得救的途徑（二13～15）？其內容包括甚麼？你對基督的本性有多少的認識？你是怎樣認識基督教的？你怎樣清楚自己已經得救？
4. 保羅將割禮與洗禮比較，其目的何在？這與保羅所指的異端有何關連？今天你如何看禮儀？守與不守禮儀又如何影響你的信仰？
5. 保羅如何教導信徒更新自己的信仰生活？他所指「求上面的事」及「思考上面的事」（三1～4）是甚麼意思？你如何踐行這事？
6. 保羅所指地上的罪，包括甚麼？為何信徒難以完全不犯罪？
7. 「脫去」與「穿上」既已成了事實，你是否已實踐這兩個行動？「穿上」這比喻有何含意？你如何看你在教會裏的身分？
8. 保羅如何看「個人」與「整體」？為何保羅的焦點要放在「整體」？你在教會生活中，你如何以個人身分活在整體的裏面？

第六章

面對家中的成員

（三12～四1）

- 在家中應有的言行
- 家訓

經文

3 12 所以，你們既是上帝的選民，聖潔、蒙愛的人，要穿上憐憫、恩
慈、謙虛、溫柔和忍耐。13 倘若這人與那人有嫌隙，總要彼此容
忍，彼此饒恕；主怎樣饒恕了你們，你們也要怎樣饒恕人。14 除此以
外，還要穿上愛心，因為愛是貫通全德的。15 你們要讓基督所賜的和
平在你們心裏作主，也為此蒙召，歸為一體。你們還要存感謝的心。
16 當用各樣的智慧，把基督的道豐豐富富的存在心裏，用詩篇、讚美
詩、靈歌，彼此教導，互相勸戒，以感恩的心歌頌上帝。17 你們無論做
甚麼，或說話或行事，都要奉主耶穌的名，藉著他感謝父上帝。18 你們
作妻子的，要順服自己的丈夫，這在主裏面是合宜的。19 你們作丈夫
的，要愛你們的妻子，不可虐待她們。20 你們作兒女的，要凡事聽從父
母，因為這是主所喜悅的。21 你們作父親的，不要惹兒女生氣，恐怕他
們會灰心。22 你們作僕人的，要凡事聽從你們肉身的主人，不要只在眼
前服事，像是討人喜歡的，總要心存誠實，因為你們敬畏主。23 你們無
論做甚麼，都要從心裏做，像是為主做的，不是為人做的；24 因為你們
知道，從主那裏必得著基業作為賞賜。你們要服侍的是主基督。25 行
不義的人必受不義的報應；主並不偏待人。

4 1 你們作主人的，待僕人要公正，因為知道，你們也有一位主在
天上。

在教導信徒如何面對異端之後，保羅溫柔又真誠地勸勉他們之間相處之道。基督是在萬有之上，但他甘願住在人間，將新社會、新人類的樣式彰顯出來。在這種新樣式的羣體當中，種族和社會階層都不再重要。筆者會以「家」的角度來分析這段經文。羅馬人對「家」的觀念與現代人的不一樣；現代家庭的成員只有父母和兄弟姊妹，但羅馬時代的家人包括：一家之主、兒子、住在家中與家主行商的人，以及奴僕，並包括家主的受恩庇者。簡言之，住在同一間屋內的，都是「家」裏的人。當然，在保羅的觀念中，凡主內的都是一家人（參2.1.1「寫信人〔一1〕」，頁41～42）。這部分經文可以分為兩大段落，第一，是論及信徒在家中的言行；第二，是提及家中成員相處之道——家訓。

6.1 在家中應有的言行（三12～17）

這段經文的重心由四個祈願式語氣動詞帶動，附以引言及結論。筆者會按著這四個祈願式語氣動詞來分析這段經文，看看保羅怎樣勸勉信徒彼此之間相處應有的態度。

分段大綱（三12～17）

一、重申信徒的身分（三12上）

二、四個祈願（12下～16）

1. 要穿上（三12下～14）
2. 要讓……作主（三15上）

3. 要存感謝（三 15 下）

4. 要存在心裏（三 16）

三、保羅鼓勵信徒（三 17）

6.1.1 重申信徒的身分（三 12 上）

三章 12 節再次出現「所以」（參二 6〔譯作「既然」〕、16，三 1、5），一方面表示新段落的開始，另方面也表示它的內容也連接著上文。保羅看歌羅西的信徒為「選民」、「聖潔」、「蒙愛的」。「選民」（*eklektoi*）在歌羅西書只出現一次（***eklektos*** 的不同詞形在新約聖經共出現了 21 次，「和修版」譯作「選民/上帝揀選的人」）。「聖潔」（*hagioi*）在歌羅西書共出現六次（一 2、4、12、22、26，三 12），「和修版」亦有將它譯作「聖徒」（參一 2、4、12、26）。有關保羅對「聖潔」的看法，可參一章 22 節（參 3.3「保羅的勸勉〔一 21～23〕」，頁 81）。「蒙愛的」（*ēgapēmenoi*）是完成時態被動式複數分詞作名詞用，這種形式在歌羅西書只出現這一次。它是一個完成時態被動式分詞，表示這份從上帝而來的愛，是始於創世之前，且是在上帝的計劃之中；這完成時態也說明了「蒙愛」的行動即使始於遠古，它至今仍帶來「蒙愛」的果效。明顯地，這效果所帶來的是被分別出來（即「聖潔」）。因此，我們今日蒙了上帝的愛，而成為「上帝的選民」及成為「聖潔」，箇中含意是我們「被揀選出來」的意思。我們蒙上帝的愛亦表示我們也「穿上」了「憐憫」、「恩慈」、「謙虛」、「溫柔」和「忍耐」，而這亦顯示我們「被上帝認許」。

彼前二章 6 節也出現 eklektos 這詞，但所指涉的是耶穌。

6.1.2 四個祈願（12 下～16）

這段經文由四個祈願式語氣動詞帶動著：「要穿上……」（*endusasthe*；12 節）、「要讓……作主」（*brabeuetō*；15 節上）、「要存……」（***ginesthe***；15 節下）、「要把……存在……」（*enoikeitō*；16 節）。這四個動詞的原文讀音相近，且有押韻的意味。保羅這樣的表達，將書卷口述傳遞的特色表露無遺（參 1.1「作為口述傳遞的信函」，頁 3～5）。這四個祈願式語氣動詞都是以主動式表達，表示所有的祈願即使出於保羅，但仍需要讀者自己願意如此才成。

ginesthe 是一個關身形主動動詞。它可以帶主動式被動的意思，須參考經文內容再作決定。

6.1.2.1 要穿上（三 12 下～14）

保羅勸勉凡「選民」、「聖潔」、「蒙愛的」人，應該「要穿上……」，這是他的第一個祈願。保羅以穿衣服的比喻來指出信徒應該具備的五種質素：「憐憫、恩慈、謙虛、溫柔和忍耐」，亦可說是與 8 節的五種惡習「惱恨、憤怒、惡毒、毀謗和口中污穢的言語」相對照。不過，若參考 14 節，保羅實質上是提出了六種質素。這是保羅寫作的修辭技巧，目的是要凸顯在一切質素之上，「愛心」是最重要的。保羅用「穿上」這個動詞，讓讀者聯想到衣服是美是醜，都是人人可見的，表示這些質素雖然發自內心，也應能夠讓別人看得見，這「別人」就是家裏的人——即教會裏的弟兄姊妹。保羅在 9 至 10 節已提及穿衣的比喻（5.2.3.2「不活在地上的罪裏〔三 5～11〕」，頁 139～144），他在此再以這比喻來討論信徒的生活表現。

「穿上」（*endusasthe*）是過去不定時態祈願式動詞，帶有迫切之意，也表示信徒之間相處時應有的選擇。（雖然 16 節「和修版」再次出現「穿上」，但原文並沒有這動詞。「除此以外，還要穿上愛心」〔*epi pasin de toutois tēn agapēn*；16 節〕的原文可直譯為「但在這些所有以上，是愛」。）保羅這個對教會的祈願，背後的理據是教會既是上帝所揀選的，是聖潔蒙愛的身體，因此應有這些表現。保羅嘗試以人與人之間產生「嫌隙」的生活例子，來説明信徒之間如何活出所提及的質素（13 節）。當人與人之間產生「嫌隙」，非信徒的反應可能是「惱恨、憤怒、惡毒、毀謗和口中污穢的言語」（8 節），但信徒卻不然。若信徒之間產生「嫌隙」，雙方應以「容忍」、「饒恕」來解決問題。保羅強調「彼此」，表示解決「嫌隙」必須是雙方都有同一的意願，才可以解決。「容忍」（*anechomenoi*）的原文帶有「以耐性、包容去處理問題」的意思，所以不只是「容忍」著那事件的發生，我們的耐力也受著考驗。這考驗多來自最親近的人——保羅所指「家中」的人；由於彼此關係密切，才容易產生「嫌隙」。「饒恕」是建基於我們都曾經被「饒恕」，這是效法基督的一種表現，因為「主怎樣饒恕了你們，你們也要怎樣饒恕人」；這顯明了饒恕是與一章 14 節的救贖有關。基督以重價的寶血帶來了饒恕，因此信徒之所以能夠彼此饒恕，是出於我們對得救所作出的感恩，兩者是不能分割的。十九世紀偉大的蘇格蘭牧者莫里森（George H. Morrison）説：「不管心情怎樣，不管多麼失望，也要因基督而包容下去。如果基督騎著驢以勝利的姿態進入耶路撒冷時，就開始忍耐，我就不應再懷疑甚麼了。」❶

饒恕與道歉

當有一個被欺負的人來到我們面前訴苦、期望得到安慰之時，我們往往傾向勸他學效耶穌去饒恕，還要鼓勵他看自己為一個罪人，先檢視自己是否有資格惱怒別人。結果，我們給他另一種傷害——委屈，因為他原本所感受的傷害不被認同。受傷的人不但找不到出路，反而會轉向自責。上述這類勸導的說話經常出現在基督徒圈子裏，這樣的勸導其實令受傷害的人進一步受傷害。

在這議題上，三章13節卻提醒我們要作出反省：「倘若這人與那人有嫌隙，總要彼此容忍，彼此饒恕；主怎樣饒恕了你們，你們也要怎樣饒恕人。」保羅兩次提到「彼此」，可見他強調「嫌隙」是需要雙方一齊去解決的。「容忍」的原文帶有「以耐性、包容去處理問題」的意思，所以信徒之間便不能只「容忍」著「嫌隙」的存在，而需要以耐性著力處理事情。「嫌隙」既是要雙方一齊以耐性去面對，人就不能一面倒地只要求被傷害或被欺負的人寬宏大量地饒恕對方。若這是雙方的事情，傷害或欺負人的也要主動向對方道歉，才能達成真正的「饒恕」。然後，在「彼此」的前題下效法耶穌饒恕人的方法「彼此饒恕」，因為在「饒恕」的過程中，被傷害的未必可以即時接納對方的道歉，也需要另一方「饒恕」那被傷害的不「容忍」的行為。從這角度看，若一方不先道歉，另一方是很難真切去饒恕，也不能解開被傷害者內心的鬱結。上帝尚且都要求我們先認罪，祂才赦免，莫非我們比祂更神聖，能夠不需要對方的道歉而可以饒恕嗎？

或許你會反駁說，耶穌在十架上要求天父饒恕十架下的人，因為「他們所做的，他們不知道」（參路二十三34），上帝看來是在不需要人認罪之下而饒恕人。讀經的人要謹慎地應用這節經文，它不能用於所有處境。所謂「他們不知道」，並不是他們不知道自己犯了罪，而是不知道耶穌上十架的原因，所以他們用一般對待犯人的方法對待耶穌。傷害人的一方大都不是不自知的，只是因為對方似乎沒有計較，所以就置之不理而已。道歉確實是一件不容易的事，傷害人的若是教會領袖，他很可能會因為尊嚴的緣故而不肯道歉，因為道歉是需要放下自尊，也要有勇氣。

儘管如此，勸諭人饒恕畢竟易於勸諭人道歉。在教會裏，大家都習慣於息事寧人。多一事不如少一事嘛！事實上，鼓勵別人道歉，也需要勇氣；但是，這樣才是踐行基督信仰應有的態度。鼓勵別人道歉，可能會引起更大的爭端，又或是最終不了了之，但亦可能是激發了傷害人的那位作出道歉。他是否願意道歉，在乎他有多著重與那位被他傷害的弟兄之間的關係。

在論述「憐憫、恩慈、謙虛、温柔和忍耐」這五種質素之後，保羅補充多一句「除此以外，還要穿上愛心，因為愛是貫通全德的」，作為這話題的結束。原文雖沒有「穿上」這詞，但句子卻包含這意思，「和修版」將句子的意思作了闡釋。嚴格而言，保羅在此是論述六種質素；信徒要擁有這第六種質素「愛」才算是完美。琳幸（Andrew T. Lincoln）曾説：「完美是屬於整體而不是個人的，這是要在愛的關係中才能實現」。❷ 完美在這裏不是指品德上的完美，而是指成熟的見證。對信徒來説，「愛」(***agapēn***)不只是一種心態，也包含相應的行動，是一種選擇而不是感覺。「七十士譯本」描述暗嫩對他的妹子她瑪那種有違倫常的慾念（撒下十三4），所使用的詞就是「愛」（*agapēn*）。因此，「愛」這詞並不像教會經常所詮釋般，指附帶著「聖潔」或「神聖」的愛。因此，「愛」是否神聖，不在於這詞所包含的意義，而是在於發出「愛」這行動的人內心所存著的德行，以及他對「愛」而委身的態度。這種愛不是無條件，而是要以意志和行動踐行出來的。保羅寫加拉太書之時，愛已經成為倫理方面的課題（加五22），是信徒不可或缺的質素，因為愛能夠包羅其他美德（參西三14）。不過，愛不是其他美德的總和，而是連繫所有美德的橋梁，成為信徒一種美善的質素。

這個詞與另一個包含聖潔無條件的「愛」(phileō)的詞在意思有所不同。

6.1.2.2「要讓……作主」（三15上）

這是保羅第二個祈願。「要讓……作主」（*brabeuetō*）或「作主」

（*brabeuō*）這動詞在新約聖經只出現一次。「作主」可直譯為「控制一個人的言行，而這控制是假設了控制者背後有一個正確的判斷」。然而，基督藉著「所賜的和平」去控制他的跟隨者，這說法確實有點突兀。洛禾與奈達（Johannes P. Louw and Eugene A. Nida）提供了另一個頗有意思的翻譯，就是「基督所賜予的和平，定會引導你知道怎樣去思想」。❸ 如此，這「作主」並不帶有「操控」的性質，否則基督便成了一位暴君；若「作主」是帶有「指引」的含意，基督作為牧者的形象便顯明出來，這種翻譯較與保羅的思想相近。

保羅在這節經文想要表達的是，我們之所以能夠被召，能夠彼此合一，是因為在我們心中有從基督而來的平安來引導我們的思想。不過，能夠成為如此，信徒必須「要讓……作主」。這動詞也是以主動式表達，表示信徒不是被動地受引導，而是他主動讓基督引導。

6.1.2.3 要存感謝（三 15 下）

「要存……」（*ginesthe*；15 節下）是四個祈願中最短的一個。「要存感恩的心」（*eucharistoi ginesthe*）原文可直譯為「要有感恩」，故此原文是沒有「心」這名詞。「和修版」加了「心」這詞更能表達保羅的意思，指出了「感恩」是發自內心的。保羅期望信徒「要存感恩的心」。

6.1.2.4 要存在心裏（三 16）

第四個祈願是「要把……存在……」（*enoikeitō*；16 節）。這「存在」與 15 節下的「存」在原文是不同的詞。「存在心裏」（*enoikeitō en humin*）的原文可直譯為「居住在你們中間」，其意思是「讓基督的道居住在你們中間」，「和修版」翻譯為「把基督的道……存在心裏」，與 15 節「在你們心裏作主」的譯法相同，都是加上「心」這名詞。筆者認為將這句子理解為「讓基督的道住在信徒羣體中間」會較適合，因為，隨後「以感恩的心歌頌上帝」是描述信徒羣體整體的歌頌。保羅要求的，不只是「讓基督的道理在信徒中間作主」，而且是「豐豐富富」的作主。「豐豐富富」（*plousiōs*）這形容詞在新約書卷共出現四次（西三16；提前六17；多三6；彼後一11），其中有一次的用法與這節相似（多三6）。歌羅西書這節經文是形容「基督的道」如何存在於信徒之間，而提多書三章6節是用以形容聖靈是如何澆灌在信徒身上。從字面看，「豐豐富富」是指「非常多、飽滿」的意思。若應用在這節經文裏，則有「充滿/載滿」的意思。保羅祈願歌羅西的信徒中間充滿著的是「基督的道」。如果要達成這結果，信徒必須努力才成，而不是坐著等候上帝主動使之發生。

究竟怎樣才能將「基督的道豐豐富富的存在心裏」？保羅認為是要「用各樣的智慧」（*in pasē sophia*；這短語是用來修飾「基督的道豐豐富富的存在心裏」）將「基督的道豐豐富富的存在心裏」。那麼，怎樣才算是「用各樣的智慧」呢？方法有三，保羅藉著三個分詞表達出來，就是「教導」（*didaskontes*）、「勸戒」（*nouthetountes*）、「歌頌」（*adontes*）。這三個分詞都不是這句子的主要動詞，它們只是用來修飾「要把……存在……」這祈願式語氣動詞。

保羅沒有解釋怎樣去「教導」，因為他之前已提及這事（參一28；另參4.1.2.2「因作教會的僕役而受苦〔一25～29〕」之二「保羅力陳自己為信徒的成長而盡心竭力〔一28～29〕」，參頁99～101）。

提到「勸戒」，保羅說：「用詩篇、讚美詩、靈歌……互相勸戒」（*noutheountes heautous, psalmois humnois ōdais pneumatikais*）。按原文，「用詩篇、讚美詩、靈歌」是指「互相勸戒」的內容，並不與「教導」有關。「詩篇、讚美詩、靈歌」這三者確切的意義惹來不少爭論。筆者認為這些似乎是早期信徒敬拜的用語，他們以不同形式的詩歌頌讚來彼此勸戒。當時教會所唱的詩歌就是希伯來聖經的詩篇，而教會可能在聖靈感動下也會創作新的詩歌。保羅勸勉信徒要「以感恩的心」來作這些事。「以感恩的心」（*en tē chariti*）這短語可以直譯為「以感恩」，它的原文是沒有「心」這名詞，它也不是用來修飾「歌頌上帝」的，因為在原文「歌頌」之後有另一句與此結構相同的短語「在你們心中」（*en tais kardiais*）。保羅勸勉信徒要以感恩的態度，藉著「詩篇、讚美詩、靈歌」來彼此勸勉。鑽研和爭論三者的分別反會忽略了經文的原意——合一的敬拜。因此在信仰上整體的經歷與個人的領受須取得平衡，不能停留在其中一個層面上。

第三個分詞是「歌頌」。「歌頌上帝」（*adontes en tais kardiais humōn tō theō*）這短語可直譯為「以你的心向上帝歌頌」。由此可見，保羅勸勉信徒要以感恩的態度以詩歌互相勸勉，同時亦要以真誠的心歌頌上帝。

這節經文的重點是在強調如何將「基督的道」存在心中，其中最重要的是信仰羣體要如何在集體敬拜中持守耶穌的教導，使之成為每個信徒在個人敬拜態度上的動力。因此，公開敬拜所唱的詩歌必須能造就人，而不能單憑個人喜好、經歷或感受。

6.1.3 保羅鼓勵信徒（三 17）

這節經文是保羅勸勉歌羅西的信徒如何彼此相處的最後一節經文。作為總結，保羅提醒信徒「無論做甚麼，或說話或行事，都要奉主耶穌的名，藉著他感謝父上帝。」這是信徒生活的基本原則。若連繫至三章 16 節，這節經文富有三位一體的神學意味，教會生活處處跟三一神有關，特別是基督在萬有之上。「感謝」(*eucharistountes*)是一個分詞，其意思是「感謝著上帝去作任何事情」。保羅這一句說話打破了猶太信仰的一貫傳統。於他們而言，信仰裏面是有嚴格的規條要恪守，不得隨意作任何事情。必須留意的是，保羅不是拆毀任何的規條，而是要說明一切言行都在主耶穌的名下，才是真正的宗教生活，即使是恪守宗教規條，也要在主耶穌的名下才行。主耶穌的名帶著他的權柄。教會帶來信徒生命的改變，因此而見證基督的偉大。這就是保羅在引言中對歌羅西教會成長的具體期望。

6.2 家訓(三18～四1)

所謂「家訓」(household code)，是希羅時代普遍的一種寫作體裁，內容主要是關於德育訓誡，目的是教導讀者如何以美德對待家中的成員。❹ 保羅借用了這種希羅時代的寫作體裁，來教導歌羅西的信徒應如何對待家中的成員。

學者曾經將保羅的家訓與羅馬的家訓作過比較，認為彼此有許多相同的地方，但這並不表示保羅的家訓抄錄自羅馬的。既是如此，保羅的家訓與羅馬的有何不同？有些學者相信保羅的家訓恰恰與當時的家訓的內容相反，原因是保羅的家訓是源於基督信仰的背景，而基督信仰有許多方面與當時羅馬人的價值觀不同。另有一些學者則認為保羅的家訓與羅馬家訓的某些內容在功能上有所相似，原因是保羅希望讓兩者有對話的空間，免得基督信仰被教外人看成一個神祕的教派。❺ 從保羅的家訓看，他要建立一個從基督信仰而來的新秩序(三11)，並引入那將來基督再來時的審判(三23～25)，這一切都是有別於羅馬的秩序。保羅背後的終末觀影響了他所寫的家訓，將原本普遍使用的家訓變成為與別不同的家訓。

為了使讀者更欣賞這家訓箇中的含義，讀家訓的人必須嚴肅地思考，究竟這些家訓能否全都直接應用在不同時代的讀者身上？究竟這些家訓與羅馬的家訓有何不同之處？而這些不同之處能否幫助我們認識基督信仰所帶來的價值觀？以及這種價值觀與當時羅馬的價值觀不同之處何在？基於社會處境的不同，研經的人只可以將這些命令放置於公元一世紀的社會處境中來理解，而不是以二十一世紀的社會處境去研讀這些家訓。否則，我們便會誤解經文的涵義。

談到家庭，這是羅馬社會倫理關係的縮影。❻ 相比於羅馬的家庭的運作，保羅以基督為主的家庭觀較之更為優勝。羅馬君王和地方政府大多不能維持家庭應有的秩序，有時甚至要以法制去維持一個家庭。

保羅為家庭所制訂的相處之道，是建基於他所教導的基督論和與之有關的神學思想。對比羅馬人的社會，信徒家庭是以基督為首的屬靈羣體的縮影。坎農(George E. Cannon)認為保羅制訂這些規矩，可能是為重整教會的秩序。這想法似乎言過其實。❼ 儘管外邦信徒的生活很有可能仍停留在從前放任的方式，但經文沒有迹象顯示歌羅西教會有這樣的危機。再者，保羅所用的語氣並不激烈，不像他在哥林多前書或加拉太書面對道德或教義衝擊那麼大的危機時般。從整封書信的上下文看，保羅勸勉的著眼點並不在道德生活上，而是在對基督的認識上。換言之，一個健康的家庭首要條件是踐行以基督作主的生活。在這段教導，保羅提出了三種關係：如何作父母(18～19節)、如何作兒女(20～21節)、如何作主僕(三22～四1)。

保羅當時代的教會，很可能是整個家庭一起信主，亦可能是家中某些成員信主；在後者的情況下，信主的成員也要學習應如何與家中其他成員相處。在這段經文裏，保羅用了九個祈願式語氣動詞：「要順服」(*hupotassesthe*；三 18)、「要愛」(*agapate*；三 19)、「不可虐待」(*mē pikrainesthe*；三 19)、「要……聽從」(*hupakouete*；三 20)、「不要惹」(*mē erethizete*；三 21)、「要……聽從」(*hupakouete*；三 22)、「要……做」(*ergazesthe*；三 23)、「要服侍」(*douleuete*；三 24)、「待……」(*parechesthe*；四 1),明顯帶著相當濃厚的命令意味。似乎讀者真的不可不守著行了。

分段大綱(三 18～四 1)

一、夫妻的關係(三 18～19)
二、作父母兒女應有的態度(三 20～21)
三、作主僕的態度(三 22～四 1)

6.2.1 夫妻的關係(三 18～19)

談到與家人相處,保羅先談最基本的家庭人倫關係——丈夫與妻子。保羅在這一段經文中使用了兩個祈願語氣動詞,就是「要順服」(18 節)、「要愛」(19 節)。不同的社會風俗習慣會影響丈夫與妻子的角色。羅馬社會的「一家之主」是家中最年長的男性,通常是丈夫。根據當時的風俗習慣,妻子不順服丈夫是法例所不容的,會招人笑柄,而且直接牴觸羅馬的法律。保羅對作妻子的說「要順服自己的丈夫」(18 節)卻很特別。希羅的文獻甚少這樣用文字要求家中的妻子如此對待丈夫,然而,傳統文化要求妻子在家庭中扮演的其實就是這樣的角色。既然傳統已是這樣,為何保羅還要有此祈願?是妻子沒有順服?抑或當時妻子順服丈夫的表現不是保羅所認同的?按當時的社會背景，妻子一切的生活起居及經濟倚靠都來自丈夫，作妻子的很難不順服丈夫。或許，讓筆者在此作些字詞的解釋。「要順服」(*hupotassesthe*)這祈願語氣動詞在原文是以現在時態、關身語態、複數表達，可直譯為「你們自己要順服」，其意思大概是指作妻子的，要自己決定如何作出順服丈夫的行動，是自願，而不是勉強的。如此，保羅傾向期望多於命令作妻子的「要順服自己的丈夫」。這樣的「順服」，並不是因為傳統如此規範，也不是因為這是丈夫的要求，而是基於「這在主裏面是合宜的」。

「合宜」(*anēken*)是以未完成時態表達，表示一種常規式的完成行動。鮑會園主張這未完成式是表示準則早已存在。華勒斯(Daniel B. Wallace)認為這常規式完成動詞表示事情在過去定期重複出現或已持續一段時間。❽ 筆者認為，基於「要順服」是一個現在時態動詞，當「合宜」以未完成時態表達，顯示這行動已持續一段時間，表示作妻子的是因歸信基督的緣故而順服自己的丈夫，而這樣行一直以來都是「合宜」的。克里根(Catherine Clark Kroeger)對這段經文的分析頗為複雜，她從一世紀女性釋經的角度閱讀和應用這段經文，❾ 認為保羅要求女性應當低調不張揚。她為丈夫所作的不一定顯而易見，但因為是作在主內，這一切都被基督所知道。雖然對現代讀者來說，這似乎頗為苛刻，但對一世紀的女性來說，已是相當進步。保羅為她們日常的家務瑣事增添了屬靈價值。鮑維均博士指出即使羅馬當時是處於父權的社會，從屬的人要遵從擁有更大權力的人，但妻子順服丈夫這要求應放在基督的主權這更大的框架中去理解。❿ 他的觀點是正確的。到了二十一世紀，我們對家訓的理解，應以基督為核心，他是所有關係的主人，而不是像恪守教義般去理解保羅所提出的要求。換言之，丈夫並不是妻子的主人，而他們能夠彼此好好相待是因為基督是他們的主。如果作為妻子的按著主基督的要求對待丈夫（即順服丈夫），丈夫亦應照基督的吩咐對待妻子，要在妻子順服丈夫之前，好好去愛她。如此看來，守這家訓中的規條的責任是在丈夫身上。

保羅又提到丈夫要愛他們的妻子。「要愛」（*agapate*）是一個祈願語氣主動式動詞，表示作丈夫的必須愛他們的妻子。保羅這種說法是違反當時社會思想的。那時代的人從來只會要求妻子去作丈夫期望她們作的事，而不會要求丈夫善待妻子。保羅在這裏所說的「愛」，是一種以決心化為動力、以動力化為行動的愛。保羅的要求限制了丈夫的權力。另外，丈夫從此也不得「虐待」妻子。「虐待」（*pikrainesthe*）是以行動針對或使對方變得遲鈍的意思。保羅用這個詞語的目的，也許是因為當時的婦女有被丈夫「虐待」的情況。從社會的標準來說，保羅的教導超越了社會的界限，更越過法律和文化的準則，進到家庭中親密關係的教導上。若與羅馬的家訓作比較，要求丈夫去愛妻子並不是當時代慣常的做法，如此可見，保羅以基督為中心作範式，革新了羅馬的家訓。

6.2.2 作父母兒女應有的態度（三 20～21）

這段經文有「要……聽從」（20）、「不要惹」（21）這兩個祈願語氣的動詞。「要……聽從」是針對兒女對父母的態度；「不要惹」是針對父母對兒女的態度。保羅要求作兒女的「要凡事聽從父母」，他界定這種行為是「主所喜悅的」。麥克唐納認為保羅這話是直接向子女說的，這很重要，因為這反映了當書信在聚會中朗讀出來之時，作為兒女的也在場。麥克唐納這樣的觀察含意極大，表示了當時出現一個一個家庭的歸信基督加入教會，又或歸信基督的信徒可能將家中的其他成員帶入教會裏。⑪子女聽從父母，不但符合當時的社會標準，也配合猶太人傳統的教導（參申五章16節十誡中第五誡的教導）。不過，保羅所強調的重點並不在於社會或傳統的要求，而是為討上帝的喜悅。保羅再次將信徒的品格與生活與基督連繫起來。在這段經文再一次顯示，保羅寫家訓背後帶著的動機，是要帶出基督的主權。

保羅接著將焦點轉移到「父親」身上（21節）。保羅沒有提「父母」，而只提「父親」，因為「父親」是一家之主，他在家中擁有最高的地位和最大的法律權利（甚或可能在社會也享有很高的地位）。須留意的是，保羅是站在兒女的角度來勸勉父親「不要惹兒女生氣」。保羅這樣的表達已越過當時羅馬家庭的規範，因為按當時的社會背景，父權在家中是無上權威，哪有惹不惹兒女的氣之事？保羅的言論與眾不同，因為他提升了兒女在家中的權利。麥克唐納認為這種相處之道，反映了在主裏的家庭關係與當時社會的有很大的分別，即使表面看來是與傳統的家庭無大分別。⑫筆者十分認同她的想法。保羅再次將焦點由社會風俗習慣轉移到關係和人的情感上。保羅看重兒女的情緒及感受，這是當時代的人所忽略的。保羅勸勉作父親的不要惹兒女的氣，以免他們因此而失了志氣。引致兒女失去志氣的，就是父親對他們有無理的要求。

6.2.3 作主僕的態度（三22～四1）

保羅在這段經文裏，使用了四個祈願語氣動詞，就是「要……聽從」（三22）、「要……做」（三23）、「要服侍」（三24）、「待……」（四1）。談到主僕關係的教導，在保羅當時的社會是很重要的，所以保羅也用了些篇幅討論這議題。在原文的字數上，這一段落確實較夫妻關係（三18～19）及父母兒女關係（三20～21）的討論還要多。從字數的比例來看，對僕人的勸勉顯然長於作主人的，但這未必表示作僕人的特別需要勸勉。反而，要指出的是，保羅一方面是勸勉，另方面是安慰那些作奴僕的。保羅指出屬地的就是要討地上的人喜歡（22節），這是常理，在保羅的時代可能也很普遍。坎農認為在教會裏，這教導應用的範圍應該可以更廣闊，他說：「除非勸勉的內容對整個教會的生命有價值，否則對家庭的勸勉不會在給教會的信件中出現」。⓭可是，坎農忽略了一個事實，歌羅西教會也是一間家庭教會，教會內有不同的家庭成員，其中包括作主人的，也有作僕人的。

若將保羅的家訓與羅馬的家訓、並羅馬的法律互相作比較，便立刻發現保羅的家訓與羅馬的家訓及律法有很大的分別。在羅馬的家訓中，作奴僕的需要絕對聽從主人的吩咐，但卻沒有太多法律來制衡主人的權力。於保羅而言，地上主人的權力來自主耶穌的主權，地上的主人仍要聽命於天上的主人。在羅馬法律中，一個僕人在社會裏有僕人的身分，在家中則是主人財產的一部分，因為他是被主人買回來的。從僕人身分的角度看，羅馬定了不少法例限制一個僕人在社會中的活動；若是屬主人的財產，當僕人不聽命，主人是可以隨己意處置他的僕人。保羅卻吩咐信徒賦予奴僕一個作為弟兄的身分，同時亦給予他們尊嚴，因為無論是僕人及主人，他們都有一位主人，就是基督。

當斯坦克丁格（Angela Standhartinger）將保羅的家訓與羅馬的作比較之時，她觀察到歌羅西教會有一個與羅馬相同的羣體，就是主人與僕人在一起的羣體。⓮但是，保羅的家訓與羅馬的截然不同且重要的地方，仍在於保羅的家訓中至高的主人是基督，他擁有一切的主權。整個家訓建基於「一家之主」（*paterfamilias*）的主權上。於羅馬社會中，家中最年長的男人就是最有權力的一個；然而，於保羅來看，基督就是一家之父的主人，他有無上權威。保羅要透過「主人—僕人」這與羅馬家訓共同出現的羣體關係，帶出基督羣體與當時羅馬人最不同的地方。來到二十一世紀了，我們當然已沒有羅馬時代般的主人—僕人關係，但我們有一個共通的主人——基督。

保羅督促作僕人的要「凡事」聽命。對於當時的讀者而言，必定感到保羅的說法過於偏袒主人，因為作僕人的確實不可能「凡事」聽從主人的話，因為當時的奴隸可能會被迫作性奴，僕人要在不甘願的情況下與主人性交。若從這角度看，保羅所指的「凡事」，一定不包括作性奴；他所指的是僕人要在「基督作為主人的真正主人」的處境下，「凡事」聽從地上主人的話，而保羅亦假設那位主人是尊重基督的教訓的。

保羅要讓那些僕人向更超越的層次去思想——耶穌的主權。在原文裏，雖然地上的「主」及天上的「主」都是同一個詞，只是保羅卻形容地上的主為「肉身的主」（*sarka kuriois*）。保羅這樣作比較，重點並不是在勸勉作僕人的要敬畏天上的主，而是期望他們相信屬天的公義。換言之，在地上忠心工作是信心的標記，也顯示他們相信上帝的獎賞和懲罰。因此，即使地上有那麼多不公義的事發生，作僕人的仍要盡忠職守，因為天上的主才是他們真正的主，祂會賞賜他們。對於主人，保羅也講出類似的話。他指出凡在地上作主人的必須察覺到自己只能在地上作主人，他們仍有一位在天上的主人。所以，他們要以基督的公正為榜樣，以公平公正待他們的僕人。這樣，未歸信基督的僕人或許因著主人的嚴明公正而認識基督。因此，信主的主人和僕人這兩者，皆在基督的主權之下，並且為基督作見證。

保羅這樣的要求是為了限制權力，讓所有人都將權力的標準置放在天上的主人那裏。這主人不但是地上所有僕人的主人，也是地上所

在希羅的社會裏，往往把女人（除了貴族出身的婦女）和僕人列為「局外人」，他們是沒有公民所擁有的權利。

有主人的主人。因此，擁有權力的主人是沒有完全的權力去主宰他的僕人。在基督裏所有無權勢的人都能藉著這守則經歷基督的大能。這些在社會裏被看為是「**局外人**」的，在基督裏卻成為上帝家裏的「局內人」。⓯

保羅在23至25節向主人及僕人，作總結提醒。他要指出基督的主權是有終末性的。如果地上的僕人與主人都能聽命於天上的主人，當基督再來之時，他們必得賞賜。如此，保羅勸喻他們要在地上的崗位盡責，並不是出於個人的志趣，而是出於對天上的主的順服。

這段關於主僕關係的經文可以有不同的應用，例如有信徒把它應用在勞資關係上。不過，讀者須要留意的是，羅馬的奴隸制度與今日的雇傭關係有很大的分別，今日的信徒不能將這裏的教導全部應用在現今的雇主和雇員關係上。另外，亦有人用這段經文以反對或者支持奴僕制度。經文沒有迹象顯示保羅有廢除奴隸制度的意圖。在當時的社會，要求廢除奴隸制度並不普遍。事實上，在保羅時代的城市，奴隸起革命從來不曾成功。保羅似乎是想減輕主僕之間的衝突多於廢除奴隸制度。

然而，當日僕人的社會背景與今日我們所處的社會也有共通點。當時的僕人的社會地位卑微，就像今日我們社會中的邊緣人；有如昔日的奴隸般，這些邊緣人受盡社會的歧視。昔日的僕人也是一羣無能力改變社會狀況的人，有如今天的信徒當面對社會禮崩樂壞的狀況，也是感到無能為力，我們的心就像被牢籠著般。保羅先勸勉僕人對主人應有的態度（三22～25），然後再勸勉主人應有的態度（四1）。

雖然經文的背景有異於今天的，但它仍有值得學習的地方。雖然丈夫、父親、主人符合了當時的社會慣例而仍然擁有權力，但顛覆的是，他們的權力並不是絕對的。斯塔克豪斯(John G. Stackhouse Jr.)認為保羅所針對的，是墮落的人性。⑯他的觀點是對的。兒女不一定一面倒地聽從父母，丈夫也不能完全管轄妻子，因為父母都會有自私心；相反地，父母要多與兒女溝通，夫婦要互相尊重，彼此向對方負責任。保羅整個教導，為要指出家中只有一位主人，就是基督。因此這不僅是相處的規定，而是關乎權力屬誰的問題。另外，誰擁有權力，誰就要負起更多的責任。保羅的家庭相處之道亦讓人想起基督頌詞。上帝主動與世界和好，家庭也要以和好來顯示救恩與神人關係的復和。有家庭才有教會，而教會的存在對傳揚耶穌基督的福音是極其重要的。

保羅不是活在象牙塔裏的一位理論家，他知道怎樣量度真正屬靈生命成熟的準則。保羅所牧養的教會大部分都是家庭教會，這些教會成為用詩章、頌詞和靈歌(三16)讚美上帝的地方！

信仰反省

保羅為家庭所制訂的相處之道，某程度上是與當時社會的標準相符合的；因此，他的家庭模式看似「傳統」的羅馬家庭。不過，傳統的模式對保羅來說並不足夠，他還要起「革命」！

近來美國有許多關於家庭模式的爭論，社會的轉變帶來了單親和同性家庭。福音派教會自然抗拒這種新興的模式而支持傳統家庭的模式。新興的家庭觀念與「傳統價值」之間的鬥爭非常激烈。筆者十分尊敬那些真心為傳統價值而繼續奮鬥的信徒領袖；不過，教會是否可以找出一個更好和更基本的解決方法呢？保羅要求信徒因著基督而徹底改變家庭價值觀念，這實在並不容易。在保羅的時代，教會藉著見證改變社會。當時信徒因著在基督裏而建立一個「嶄新」的「家庭」，所有教會的成員都活在改變了的生命中。保羅的教導，目的並不是要維持擁有地位者的威權，而是要求信徒之間有徹底的美善；

這對於今天的信徒，仍然是一種挑戰。

今天教會雖然還有不少家庭因為父母是信主的，因而整個家庭都信主，但家庭關係卻不斷受到威脅，離婚個案有增無減。現代生活的壓力使許多家庭承受不來。保羅的教導卻提醒我們，維持家庭秩序是從關係開始。與其否認問題或反對離婚，不如推動一些事工促進家庭和諧的關係。教會必須學習幫助信徒在家庭中建立健康、能發揮家庭作用的生活環境，並且為現代家庭提供處理生活壓力的方法。也許教會（特別是大教會）要減少一些活動，讓信徒有更多時間與家人相聚，而不是在教會「當值」。如果家庭成員信奉不同宗教信仰，作為信徒的要好好在家中作見證。家庭成員之間實在沒有必要為宗教信仰而吵架，甚至弄至離婚收場。這不會是保羅想看見的。

在家庭相處之中，丈夫和父母在今天依然擁有較大的權力。最有權力的家庭成員要將最終的權力交給主，並負起約定俗成以外的責任。保羅一方面認為家庭需要維持一定的風俗習慣，同時也要讓社會上較弱勢的人在家中擁有某些權力，使他們的努力有價值。事實上，保羅對作丈夫和父親的要求，較諸當時的社會標準更高。丈夫要顧及妻子的感受，這絕非易事。筆者曾做過婚姻輔導員，明白這對許多男士來說實在不容易。每天下班後做丈夫的還要顧及妻子的感受，假如他們做不到，婚姻就會出現問題。做丈夫的要謹記，當他們發現夫妻之間的情感正在消耗，就要重新調整生活的優先次序，讓自己有空間顧及妻子的感受；即使是教會的事奉，也必須縮減。假如事奉使我們失去見證，對於傳揚基督為主又有甚麼作用呢？

保羅的教導對父母的要求也很高。父母在分內工作以外，還要確保個人和孩子的情緒健康。不少父母期望孩子能實現父母自己的理想；然而，父母要學習接受孩子的天分和喜好是基於他們個人的特質，而不是父母可以強行植入的。父母必須觸覺敏銳，不要因個人的想望而斷送孩子的童年。

在夫妻關係方面，保羅有關家庭的教導，對男性有更大的要求，特別是在社會不再重視性別角色的今天。大眾傳媒所吹捧的男性都傾向以他們的「美」作標準，卻很少有提及「俊」的一面；原本被看為是女性的特質掩蓋了男性應有的本質。男女角色混淆導致許多關係破裂。保羅理想中的男性是必須學習成為領袖，但不是羅馬家長式的那種。保羅理想中的男性要肩負重任，男人要養妻活兒，也要擔負教導孩子的責任，明白孩子的性格，成為孩子學習愛人的好榜樣。男人若要愛妻子，必先盡力了解她身心靈的需要。

此書信中提到兒女該如何對待父母，表示當時的讀者羣中也有作兒女的。父母有責任確保孩子在基督教的背景下成長，讓孩子自由選擇其他宗教或活動。今天的社會繁忙、重視成就高於一切，教會崇拜也可能只淪為孩子必須參與的其中一項活動。這種價值觀會妨礙孩子屬靈生命的成長，父母卻可能還在奇怪孩子為甚麼不再信「教」。

許多教會因為處理不當而造成另一種惡性循環。教會若不是過於以孩子為中心，就是完全忽略他們的需要。以孩子為中心的教會，活動純粹只為娛樂，但沒有實質的信仰內容，孩子在活動中所學的不多。有些教會在崇拜中派發填色本子，目的是讓孩子在崇拜時可以安靜地坐著，不騷擾別人。這樣的教會根本沒有期望孩子參與崇拜，只希望以他們所能想到的方法使孩子安坐一旁。他們已先入為主，認為孩子聽不懂講道，也沒有致力營造學習的氣氛，將福音信息帶給各個年齡組別的人。教會另一個常見的情況，就是要求所有孩子參加「主日學」，而不讓他們參與崇拜。這現象在美國華人和非華人教會中頗為常見。筆者有一次休假時到外地一家教會崇拜，儘管我的孩子早已習慣崇拜的規矩和聆聽講道，他們還是被迫參加主日學，不許他們與我一起崇拜。只要將孩子安頓好，讓成人能夠安靜地參與「成人」崇拜，是屬靈上的年齡歧視，違反保羅所教導的教會模式。

許多父母可能仍不明白為甚麼華人信徒的第二代成為教會領袖的為數會那麼少。更壞的是，華人教會逐漸式微，這都是因為教會未能認真考慮如何培育第二代。最糟糕的是在「良好信徒家庭」（不管「好」的定義是甚麼）長大的第二代，離開信仰的也不少。教會中更為委身的領袖（不管「更為」的定義是甚麼）只好緬懷舊日，卻從不在保羅的教導中反省和悔改。缺乏裝備的承擔和循序漸進地下放權力，第二代的領袖又怎能委身呢？導致這種情況，責任正在那些犧牲保羅的教導，而遷就流行文化，以實用為先的人身上。

對比保羅的勸戒，教會還有其他問題。許多教會主日學都減少了教義方面的教導，保羅的遺訓也因而失傳了。有信徒認為保羅期望過高，但保羅認為對教義有深度的學習是信徒成長的基礎。無論孩子是否明白，帶孩子到教會崇拜是父母的責任。此外，保羅期望信徒對孩子的教導足以使孩子明白他在信中所寫的。今天教會的趨勢，主日學不外是義務老師的德育教導。假如不想下一代流失，必須以保羅的理想來推動教會的事工。

不斷上升的離婚率令更多的單親母親要兼顧工作和照顧孩子，增加了不必要的生活壓力。破碎家庭令孩子承受父母離婚和管教不善的代價。不少離異的父母不斷以物質滿足孩子，希望藉此來補償自己不能常在孩子身邊的虧欠。曾有一個孩子這樣說，他每年都有兩個聖誕節，因為他與離異的父母分別慶祝，變相使他可以收到更多的禮物。孩子與父母相聚的時間往往要依照法庭規定的時間表。無論我們怎樣演繹保羅的教導，他的理想依然值得我們深思。然而，筆者必須再三指出，保羅從沒有強調家長作主的傳統。

釋經短註

❶ 有關莫里森（George H. Morrison）的引句，可參 George H. Morrison, *More Meditations on the New Testament and Psalms* (Chattanooga, TN: AMG Publishers, 1997), 243～244。

❷ 有關琳幸（Andrew T. Lincoln）的講法，可參 Andrew T. Lincoln, *Colossians*, NIB (Nashville, TN: Abingdon Press, 2000), 648。

❸ 有關洛禾與奈達（Johannes P. Louw and Eugene A. Nida）對三章 15 節的翻譯是 "the peace that Christ provides should show you what you should think"。他們詳細的解釋，可參 Johannes P. Louw and Eugene A. Nida, *Greek-English Lexicon of the New Testament: Based on Semantic Domains* (NY: UBS, 1996), 473。

❹ 有關「家訓」的一些討論，可參曾思瀚著：《僕人領袖的教導與領導——提多書、提摩太前書析讀》（香港：基道出版社，2013），頁 4、191～192。

❺ Angela Standhartinger, "The Origin and the Intention of the Household Code of the Letter to the Colossians," *JSNT* 23/79 (2001): 126～127.

❻ 有關家庭是羅馬社會倫理關係的縮影，可參 Sam Tsang, *From Slaves to Sons: A New Rhetoric Analysis on Paul's Slave Metaphors in His Letter to the Galatians* (New York: Peter Lang, 2005), 52。

❼ 坎農（George E. Cannon）似乎認為歌羅西教會希望立刻體現所有人在基督裏的平等，期盼耶穌基督很快再來。這種想法難有立足點，因為經文裏沒有明顯責備妻子、兒女和僕人不守本分。在平等的問題上，即使要改變，也是強勢的一方而不是弱勢的一方。有關坎農的論點，可參 George E. Cannon, *The Use of Traditional Material in Colossians* (Macon, GA: Mercer University Press, 1983), 125～128。

❽ 有關鮑會園及華勒斯（Daniel B. Wallace）

對妻子順服丈夫這議題的討論，可參鮑會園：《歌羅西書》(香港：天道書樓，1995)，頁160；Daniel B. Wallace, *Greek Grammar Beyond the Basics* (Grand Rapids, MI: Zondervan Publishing House, 1996), 548。

❾ 有關克里根(Catherine Clark Kroeger)對順服的評論，可參 Catherine Clark Kroeger and Mary J. Evans, eds., "Colossians" in *The IVP Women's Bible Commentary* (Downers Grove, IL: IVP, 2002), 719。

❿ David W. Pao, *Colossians and Philemon: Zondervan Exegetical Commentary on the New Testament* (Grand Rapids, MI: Zondervan, 2012), 263.

⓫ 有關麥克唐納評論兒女對待父母的態度，可參 Margaret Y. MacDonald, *Colossians and Ephesians*, Sacra Pagina Series (Collegeville, MN: Liturgical Press, 2008), 154。

⓬ 有關麥克唐納評論父親對待兒女的態度，可參 Margaret Y. MacDonald, *Colossians and Ephesians*, 154。

⓭ 坎農對主僕的評論，可參 George E. Cannon, *The Use of Traditional Material in Colossians*, 98。

⓮ Angela Standhartinger, "The Origin and the Intention of the Household Code of the Letter to the Colossians," *JSNT* 23/79 (2001): 129.

⓯ 關於「局外人」的討論，可參 Richard Wallace and Wynne Williams, *The Three Worlds of Paul of Tarsus* (London: Routledge, 1998), 146。

⓰ 有關斯塔克豪斯(John G. Stackhouse Jr.)的觀點，可參 John G. Stackhouse Jr., *Finally Feminist: A Pragmatic Christian Understanding of Gender* (Grand Rapids, MI: Eerdmans, 2005), 58～59。

溫習及思考問題

1. 保羅在提及家訓之先，為何要重提信徒的身分（三 12）？這身分如何影響信徒與家人相處？在這教導中，保羅提及的四個祈願（三 12～16）是甚麼？
2. 饒恕與道歉彼此之間有何關連？為何這是信徒彼此復和的原因？你有沒有類似的經歷？
3. 保羅如何勸勉信徒讓基督作主？信徒要如何生活才是讓基督作主？
4. 在保羅眼中，怎樣的夫妻關係才是「合宜」的？保羅這樣的勸勉與當時的觀念有何不同？你如何理解保羅的勸勉？
5. 保羅有關家庭相處之道的思想是怎樣的？保羅的理念怎樣教導我們管教養育下一代？
6. 保羅如何教導信徒在領受教義與踐行教導之間取得平衡？

第七章

事工分享及問安（四2～18）

- 保羅分享事工的需要
- 代同工問候教會
- 最後的吩咐

經文

4 2你們要恆切禱告，在禱告中警醒感恩。3同時，也要為我們禱
告，求上帝給我們開傳道的門，能宣講基督的奧秘，4使我能按著
所該說的話將這奧秘顯明出來，我為此而被捆鎖。5你們要把握時機，
用智慧與外人來往。6你們的言談要時常帶著溫和，好像用鹽調味，讓
你們知道該怎樣應對每一個人。7推基古是我親愛的弟兄，忠心的僕
役，和我一同作主的僕人；他要把我一切的事都告訴你們。8我特意
打發他到你們那裏去，好讓你們知道我們的情況，又讓他安慰你們的
心。9我又打發一位親愛忠心的弟兄阿尼西謀同去；他也是你們那裏的
人。他們會把這裏一切的事都告訴你們。10與我一同坐牢的亞里達古
問候你們。巴拿巴的表弟馬可也問候你們。關於他，你們已經得到指
示；他若到你們那裏，你們要接待他。11稱為猶士都的耶數也問候你
們。奉割禮的人中，只有這三個人是為上帝的國與我作同工的，也是
使我心裏得安慰的。12有一位你們那裏的人，作基督耶穌僕人的以巴弗
問候你們。他禱告的時候常為你們竭力祈求，願你們能站穩而成熟，
充分確信上帝一切的旨意。13他為你們、老底嘉和希拉坡里的弟兄多
多勞苦，這是我可以為他作見證的。14親愛的醫生路加和底馬問候你
們。15請問候老底嘉的弟兄以及寧法，和她家裏的教會。16你們宣讀了
這書信，也要交給老底嘉的教會宣讀；你們也要宣讀從老底嘉轉來的
書信。17你們要對亞基布說：「務要完成你從主所領受的職分。」18我—
保羅親筆問候你們。要記念我在捆鎖中。願恩惠與你們同在！

四章2至18節是歌羅西書的結語，這結語的內容與引言裏感恩信息的內容十分相似。這兩段經文都提及禱告(2節；參一3)和忠心(四7、9；參一2上)。可見引言與這結語是互相呼應的。在全書最後的段落裏，保羅簡短分享自己事工的近況(2~9節)，接著，保羅代他的團隊同工向教會問安(10~17節)，他最後以一個吩咐來結束此書信(18節)。

7.1 保羅分享事工的需要(四2~9)

保羅以兩個方式分享他的事工。第一，他分享他對福音事工的期望(2~4節)；第二，他會差派他的同工詳細把保羅的狀況告訴他們(5~9節)。

分段大綱(四2~9)

一、保羅對福音事工的期望(四2~4)
  1. 保羅的勸勉(四2~3)
  2. 保羅提出具體代禱事項(四4)
二、保羅差派同工分享他的事工(四5~9)

7.1.1 保羅對福音事工的期望(四2~4)

這段落再次顯出此書信的典型風格：保羅先發出命令，然後提出理由和具體的內容。在2至3節，保羅先鼓勵歌羅西的信徒要「恆切禱告，在禱告中警醒感恩」，這是信徒應有的態度；接著便解釋他有這勸勉的原因（4 節）。

7.1.1.1 保羅的勸勉（四 2～3）

保羅勸勉信徒要「警醒感恩」。「警醒」（*grēgorountes*）這詞的意思是指「保持警覺／守望」。根據上下文，「警醒感恩」在此的意思是「謹慎並存感謝的心」。洛斯（Eduard Lohse）認為保羅在此鼓勵信徒禱告，因為禱告是令人「警醒」的方法。❶ 但是，筆者則認為保羅所指的「警醒」，是禱告的一種特質，因為從希臘文的文法看，「警醒」（*grēgorountes*）是一個形容詞性分詞，用以形容「禱告」這名詞。鄧雅各又指出「警醒」的意思就像守衛當值時的表現般。❷ 保羅這樣提醒信徒「警醒」，是否暗示歌羅西教會當時正受到攻擊呢？根據第二章，這是有可能的。這種「警醒」與假教師的教導有關（二 4、8），而禱告有助他們不致被異端的教導影響。

7.1.1.2 保羅提出具體代禱事項（四 4）

保羅接著提出祈禱的具體內容。他祈求上帝「開傳道的門」。保羅當時正身繫囹圄，鄧雅各認為保羅是祈求上帝使自己能早日獲釋，❸ 但筆者相信當中有更深遠的含意。保羅所祈求的是「開傳道的門」，而不是開獄中的門。他明顯不是關心自己的人身自由；相反，他希望福音能自由地廣傳。如此看來，即使他能脱離牢獄之苦，而「傳道的門」卻並未因此而打開，這也不切合他禱告的內容。「給我們開傳道的門」（*anoixē ēmin thuran tou logou*）希臘文可直譯為「給我們開傳信息之門」，按一章 25、26 至 27 節，這「信息」跟「奧秘」是同一件事（參 4.1.2.2「因作教會的僕役而受苦〔一 25～29〕」，頁 97～99）。保羅不但關注信息本身，也關心信息帶來的效果。保羅祈願外邦人能在基督裏悔改，得著榮耀的盼望（參一27）。❹ 不過，保羅當然也希望能離開監牢，但如果他真的未能獲釋，而福音能被傳開，他仍不會介懷。在一定程度上，他的囚室就是講台，**腓立比書一章 18 節**正是保羅被囚時所說的話。這樣看來，上帝用了自己的方式，打開那福音之門。

腓立比書一章 18 節：「這又何妨呢？或是假意或是真心，無論如何，只要基督被傳開了，為此我就歡喜。」

保羅與禁衛軍

當保羅寫歌羅西書之時，正是階下囚，囚禁期間由御營軍人看守，這些軍人很可能是羅馬的「禁衛軍」。筆者參考約瑟夫的《猶太戰記》（Jewish Wars）、羅馬歷史學家塔西圖（Tacitus）的作品和《拉丁石刻全集》（Corpus Inscriptionum Latinarum），按當時的歷史記載，發現了一些有助明白上帝為保羅「開傳道的門」的重要資料：

- 御營中的禁衛軍是很特別的職位，他們有很多晉升的機會。在保羅的時代，要在政治的世界裏出人頭地，是可以有兩個途徑，就是藉著參與法律工作和軍事勢力。這些禁衛軍往往身經百戰，甚至最高可能服役達二十七年。
- 這些軍人很多是來自顯赫的家庭（父母期望兒子能得到從政治來的權力），最終可能會被晉升到高層的軍官。事實上，並非一般人可以擔任禁衛軍的。
- 這些軍人與保羅同樣是羅馬籍的人。
- 他們每天都到監獄輪值四小時。保羅在被囚的日子裏，有可能跟每一位禁衛軍都傳過福音。
- 根據一些石刻的證據，大部分的禁衛軍都是意大利人。保羅很有可能是以拉丁語向這些軍人傳福音，而保羅也很有可能經常練習拉丁語。難怪保羅在四章 4 節中求上帝賜他合宜的話。如果他常與意大利禁衛軍分享福音，他的拉丁語水平也必有提升。福音的門就奇妙地打開了。上帝應允人禱告的方式，往往出人意表。

保羅傳福音的計劃其實頗為周詳。他先將福音的門打開，這是必然的第一步，然後福音才得以廣傳。門是打開了，但假如傳福音的人未能將福音內容表達清楚，仍不能算是使人完全明白福音。因此，成功的福音事奉有兩項重要的元素：內容與表達方式。

7.1.2 保羅差派同工分享他的事工（四 5～9）

保羅在此以鄭重的言詞吩咐歌羅西的信徒要「把握時機，用智慧與外人來往」。究竟這「外人」是指誰呢？「外人」（*tous exō*）的原文在新約聖經共出現六十三次，它可以指地域上的分別（約九 35），或指一個羣體以外的人（可四 19；即十二使徒以外的人），而明顯用來指教外人的則有兩次（林前五 12～13；帖前四 12）。那麼，這節經文的「外人」屬於上述所提及的哪類人？

有學者認為這「外人」是指教外人。❺ 無可否認，保羅在 4 節提到「開傳道的門」，這樣，或許會有教外的人進入教會，若此，保羅在此教導歌羅西的信徒善待教外人，可能是有應用的意義。不過，筆者在此亦提供多一種可能的解釋。

保羅在這裏所用的「外人」（*tous exō*）是一個複數名詞，很可能沒有指明是指涉哪些人，而只是用來普遍指教會以外的，無論是教外人，或在教會以外的人，保羅都教導信徒要以合宜的態度接待他們。說了這句話之後，保羅又提到「推基古」及「阿尼西謀」這兩個人，而這兩個人日後都會把保羅那裏「一切的事」告訴教會（7、8 節）；因此，保羅亦可能借用這「外人」一詞應用在推基古的身上。當保羅將阿尼西謀看為歌羅西「那裏的人」，就暗示了推基古不是歌羅西人。接著，保羅又介紹推基古為「親愛的弟兄，忠心的僕役，和我一同作主的僕人」，這與保羅的另一位同工以巴弗的描述相同（一7），也暗示了推基古與以巴弗同是保羅所重視的同工，他有以巴弗相同的事奉質素。推基古及阿尼西謀是帶信人，而推基古亦是保羅所推薦代替以巴弗去服事歌羅西教會的人（8～9節），因為以巴弗已被調回保羅那裏（參12節）。如此，歌羅西的信徒未必認識推基古，而保羅很可能借用「外人」一詞勸勉歌羅西的信徒學習接待推基古這個陌生人。

保羅提到的阿尼西謀，是腓利門的僕人，由保羅帶他信主，並且有一段時間幫助保羅，成為保羅的同工。這造成了保羅和腓利門之間的矛盾和張力。雖然阿尼西謀曾經是腓利門的僕人，但因為成了保羅的同工，他現在與腓利門的身分變得不相伯仲。事實上，因為阿尼西謀與保羅一起同工，他可能會覺得自己比腓利門有更高的身分。這形成保羅與腓利門之間的尷尬局面。在與保羅的個人關係方面，阿尼西謀顯然較有優勢，因為他比腓利門較接近保羅。但按當時的法律，腓利門卻可以嚴懲阿尼西謀。保羅刻意稱阿尼西謀為「忠心和親愛的兄弟」（9節），為的是要凸顯他在基督裏新的身分。保羅能夠差派阿尼西謀去歌羅西教會，反映了保羅和推基古也接受了阿尼西謀，同時也暗示了歌羅西教會看阿尼西謀為保羅的同工，而不是腓利門的僕人。

推基古小傳

按使徒行傳的記載，推基古在保羅第三次旅行佈道之時已是保羅的同工（參徒二十4），保羅曾差派他往耶路撒冷賙濟窮人。直至保羅被囚於羅馬，推基古仍與保羅一起。保羅曾差派他送信去以弗所（弗六21～22），亦曾差派他先後前往克里特教會及以弗所教會，分別接替提多（多三12）及提摩太（提後四9、12）的工作。同樣地，保羅亦差派他去歌羅西，為要詳細分享保羅的事工（西四7）。由此可見，推基古可說是保羅的一位送信人。

當然，按當時送信人的工作，他不但是信差，也有責任代保羅詮釋書信的內容，並且解答受信人對書信內容的疑問。因此，凡保羅的送信人，必須清楚保羅的神學立場，也必須是保羅可靠的同工。❻

7.2 代同工問候教會（四10～17）

這裏有兩個問候，一是保羅代同工問候歌羅西教會（10～14節），另一是保羅請歌羅西教會代他問候其他教會（15～17節）。

分段大綱（四10～17）

一、保羅代同工問候歌羅西教會（四10～14）
二、保羅請歌羅西教會代他問候其他教會（四15～17）

7.2.1 保羅代同工問候歌羅西教會（四10～14）

保羅在這裏提到六個人：「亞里達古」、「馬可」、「耶數」、「以巴弗」、「路加」、「底馬」。在這六個人中，保羅稱「亞里達古」、「馬可」、「耶數」為「奉割禮的人」，而「只有這三個人是為上帝的國與我作同工的」。保羅這樣的表達是有點含糊。「奉割禮的人」通常是用來形容猶太人。保羅有這樣的表達，很可能是因為在他的團隊中只有這三位是純猶太人，其他都是外邦人。這六位同工當時都是與保羅在一起事奉，是保羅的親密同工：

- 「亞里達古」：保羅稱他為與他「一同坐牢」，表示他與保羅為福音同受苦難。他極可能在保羅被軟禁之時，義務服事保羅，照顧保羅生活上的需要。
- 「馬可」：他曾經與保羅一起宣教，但中途離開保羅（徒十三13），以致保羅與巴拿巴分道揚鑣（徒十五36～41）。如今馬可與保羅一起，可見他即使曾經與保羅意見不合，到最後都以福音的事工為前題，與保羅再次合作，並肩事奉。保羅稱讚馬可曾在他的事奉上與他「有益」（提後四11）。他與保羅一起，直至保羅離世。保羅鼓勵歌羅西教會要接待馬可（10節）。
- 「耶數」：這名字的原文（*Iēsous*）與耶穌相同，可見耶穌這名字於當時是一個很普遍的名字。他又稱為「猶士都」，是保羅時期希伯來名字「耶數」的拉丁文音譯。耶數是一位希臘化的猶太人，曾給保羅不少幫助。這位希臘化的猶太人超越了外邦人與猶太人之間的文化差異。正因為有這樣的身分，耶數可以自如地穿梭於兩種文化之間。
- 「以巴弗」：他與歌羅西的信徒有密切關係，他除了牧養這地方的教會，還要照顧老底嘉和希拉坡里的教會。保羅見證他為歌羅西教會、「老底嘉和希拉坡里的弟兄多多勞苦」（13節）。他也是保羅一位親密的同工，保羅對他有很高的評價（參2.2.2.2「盼望源自福音〔一5下～8〕」）。如今他離開了歌羅西，回到保羅身邊服事保羅，或受保羅差派去其他教會事奉。保羅形容以巴弗「禱告的時候常為你們〔歌羅西的信徒〕竭力祈求，願你們能站穩而成熟，充分確信上帝一切的旨意」。保羅也親自見證以巴弗為歌羅西教會所付出的勞苦，表示即使以巴弗不在歌羅西，他的心仍記念著他們，而且見證以巴弗是全心全意為教會。

- 「路加」：保羅介紹他為「醫生」。這可能暗示路加在保羅身邊主要的工作，就是照顧保羅的身體狀況。
- 「底馬」：保羅不多提底馬，可能他在保羅身邊沒有特別參與具體事工，但保羅仍看他是同工。可惜的是，他最後也離棄了保羅（提後四 10）。

7.2.2 保羅請歌羅西教會代他問候其他教會（四 15～17）

「她家裏的教會」有古卷寫成「他們的教會」。

在最後的問安，保羅特別提到兩個歌羅西教會的領袖「寧法」（15節）及「亞基布」（16 節）。寧法只出現於歌羅西書，單從這名字是很難判斷這位教會領袖的性別，但「**她家裏的教會**」（*tēn kat' oikon autēs ekklēsian*）這短語已表示她是一位姊妹。寧法是老底嘉其中一間家庭教會的領袖。保羅沒有提及寧法與他的關係，但在眾多的領袖中，保羅特別要向她問安，並且指明他的書信要在她的教會宣讀，可見保羅也十分關注這教會。

保羅又提到亞基布。這人曾出現於腓利門書（門 2），是腓利門書其中一位受信人。保羅提醒亞基布「務要完成你〔指亞基布〕從主所領受的職分」，表示他要在他事奉的崗位上繼續忠心。

整體而言，保羅藉此問安語鼓勵忠心的歌羅西教會。保羅具團隊精神，常常領導一羣有良好品格和才幹的同工。他們極具恩賜，身負重任，能承擔不同職事，他們各人都很努力為上帝工作。保羅明白一人之力是難以使教會成長，他需要不同教會各方面的支援，來成全上帝的事工，保羅亦因此能在羣體中實踐他的信仰。須要留意的是，他在此書信中所提及的同工，大都是外邦人。這反映了保羅是一位有胸襟的領袖，他很願意交棒給有心、有恩賜事奉的人，無論他們是否猶太人。這些同工正好顯明基督裏的奧祕，就是外邦人也能得著榮耀的盼望（一27）。保羅絕非紙上談兵，他以行動顯露這奧祕，讓別人也能了解。

7.3 最後的吩咐（四18）

保羅在歌羅西書所寫的最後一句話是「我──保羅親筆問候你們。要記念我在捆鎖中。願恩惠與你們同在！」簡單的一句，卻道出了保羅對歌羅西教會的情懷。他說：「我──保羅親筆問候你們。」表示即使他沒有去過歌羅西，即使那裏的信徒不是猶太人，即使此書信有代筆人，至終他仍要親筆作問候，表示了他沒有輕看教會。

保羅又說：「要記念我在捆鎖中。」表示他與歌羅西教會在上帝裏有分享、有分擔。他們互相記念。

最後是保羅的祝福：「願恩惠與你們同在！」

信仰反省

保羅簡單的一個問安，背後帶著深厚的意義，反映了保羅身邊有不同性格、恩賜的同工，他們都是教會領袖。保羅的事工讓他接觸不同階層的人，正因這樣，他才能成為偉大的領袖。保羅懂得欣賞不同人的才華，這也反映他能容納不同的人。這名單跟保羅在引言中所提的成長的信息是息息相關的。歌羅西教會之所以會成功，正在於保羅所栽培的領袖。與此同時，保羅的成功也在於他能訓練出不同的工人。保羅早年的事工集中於建立教會，到了後期，他是建立團隊，為要延續他的工作。

從保羅身上，我們也學習了另一個重要的功課，就是保羅如何與人分享他的事工。他不但對同工授以權柄，也裝備他們完成使命。保羅了解各人不同恩賜，按各人不同的能力，授權他們作領袖。以巴弗可以被調配到不同的教會服事；阿尼西謀卻被訓練為帶信人。教會在訓練同工及授權上要有智慧，有些人在得到適當的訓練前已被委以重任，結果出師未捷；有人接受了足夠的訓練，但苦無獨立實踐，以致接班的機會。保羅明白不能讓事工停滯不前，他知道隊工的重要。無論他的接班人能否發展出更大更好的事工，領袖的果子都應代代相傳。與保羅相比，今日許多領袖實該自嘆不如。今日的領袖往往只滿足於「製造」一些跟他們水平相約的人。但一個好的領袖知道如何鼓勵和幫助下一代向前邁進；當下一代的領袖能使事工不斷增長，甚至超越他們的成就時，也不會覺得自己的地位受到威脅。

過去華人教會只靠他們認為的少數精英帶領，但當一代精英過去，領導班子就會出現真空期。有些在美國的神學院（包括華語和英語的）埋怨華人學生實在太少。箇中原因之一就是缺乏門徒訓練，上一代的教會領袖，也缺少訓練接班團隊的意識。（有些人覺得這並不重要，也有些人根本缺乏能力訓練接班人。）當這些精英離開所在的崗位，教會就亂作一團。這情況甚至會嚇怕不少有潛質的工人。更複雜的是許多移民家庭望子成龍，很抗拒讓兒女在組織不善的教會中工作。結果，年青的傳道人愈來愈少。再者，現今許多所謂新一代的傳道人，根本沒有在神學院或教會中得到足夠的裝備和訓練，但最終仍得到按立。教會應講求隊工，不應吹捧星級領袖。不過，在後現代主義的世界，一些所謂「星級領袖」已不再像以往般那麼受到追捧。後現代世界重視個人的投入和參與。我們正好可以把握這機會裝備和授權，讓更多人一同起來參與上帝的工作。有正確的訓練和教導，建立團隊，下一代華人教會還是大有希望的。

釋經短註

❶ 有關洛斯（Eduard Lohse）對 2 節「警醒」的看法，可參 Eduard Lohse, *Colossians and Philemon: A Commentary on the Epistles to the Colossians and to Philemon,* Hermeneia (Philadelphia, PA: Fortress Press, 1971), 164。

❷ 有關鄧雅各（James D. G. Dunn）對「警醒」的解釋，可參 James D. G. Dunn, *The Epistles to the Colossians and to Philemon*, NIGTC (Grand Rapids, MI: Eerdmans, 1996), 262。

❸ Dunn, *The Epistles to the Colossians and to Philemon*, 263.

❹ 洛斯與許多釋經學者想法相同，都認為「奧祕」的意思只是指「福音信息」，他的評論可參 Lohse, *Colossians and Philemon*, 165。筆者卻偏向認為箇中意思包括人的悔改；這「福音信息」是包含教導，也是生命的見證。有關這方面的評論，可參筆者對一章 25、26 至 27 節的析讀。

❺ 有關學者將四章 5 節的「外人」看為教外人，可參 David W. Pao, *Colossians and Philemon: Zondervan Exegetical Commentary on the New Testament* (Grand Rapids, MI: Zondervan, 2012), 295～296。

❻ 為免受信人誤解保羅的意思，保羅的送信人會代保羅詮釋那些受信人不明白的地方，這樣，他們就成為保羅書信第一個詮釋者。在保羅的例子中，送信人就是他的同工。當書信送達目的地後，整個信仰羣體就會聚集在一起，聆聽送信人誦讀書信，而送信人也可以解釋細節。這就是一封保羅書信寫作過程的結束。保羅也可以根據他當時的習俗，吩咐一位代筆人按著大綱撰寫他的書信，在發送出去前他才再檢查一次。有關這方面的內容，可參曾思瀚著：《僕人領袖的教導與領導——提多書、提摩太前書析讀》（香港：基道出版社，2013），頁 10。

溫習及思考問題

1. 這段結尾的問安語與引言中的感恩語(一1～12)在內容上有何相似的地方?試列出作比較。這些相似的地方顯示保羅如何看歌羅西教會?
2. 保羅在四章2節所指「警醒感恩」是甚麼意思?他所提出具體的代禱事項「開傳道的門」是甚麼意思?保羅對他的事工,抱持怎樣的觀念呢?
3. 「外人」這詞在新約聖經裏包含甚麼意思?四章5節的「外人」是指誰?保羅差派誰去分享他的事工?推基古與以巴弗有何相同的地方?
4. 保羅以哪六位同工作代表來問候歌羅西教會?他們有何特別之處?我們如何看見保羅事奉的團隊是十分同心,且有默契的?你從保羅身上如何學習團隊事奉的精神?
5. 保羅又問候「寧法」(15節)及「亞基布」(16節)。保羅要特別提及這兩人,表示他對同工、對待教會的細心。你如何領受保羅這樣的問候?
6. 從整個問候語中,反映了保羅如何對待歌羅西一帶的教會?廣闊的胸襟對一個領袖有何重要?一個心胸狹窄的領袖會引來教會甚麼問題?